« LA PROGRAMMATION : SPECTACLE VARIÉ À L'INFINI ET CHAQUE SOIRÉE DOIT RÉSERVER UNE SURPRISE NOUVELLE. CE NE SERA NI DU THÉÂTRE PROPREMENT DIT, NI LE BANAL CAFÉ-CONCERT, RIEN DE DÉJÀ VU OU CONNU, MAIS QUELQUE CHOSE DE FÉERIQUE, EN UN MOT CE SERA L'OLYMPE ; POUR LES MATINÉES DES DIMANCHES ET JOURS DE FÊTE, IL SERA APPROPRIÉ À LA CLIENTÈLE DES FAMILLES. »

Le Journal, avril 1893.

Note de l'éditeur : Sauf mention contraire, les photographies composant cet ouvrage ont toutes été réalisées à l'Olympia.

Direction éditoriale, iconographie et récit : *Bernadette Caille*

Conception graphique : *Lætitia Queste*
Fabrication : *Axelle Hosten*
assistée de *Yanis Loisel*

Reportages photographiques :
Simon Laveuve (intérieur de l'Olympia)
et *Matthis Van Der Meulen* (concerts)

L'OLYMPIA

92, avenue de France
75013 Paris

L'OLYMPIA

SCÈNE DE LÉGENDES

SOUS LA DIRECTION DE
Laurent de Cerner

le cherche midi

Avant-propos

Avec son histoire et son prestige, l'Olympia, cette salle mythique, nous oblige. La diriger n'est pas une expérience anodine mais, au contraire, un moment fort pour moi qui passais déjà devant lorsque j'étais enfant, impressionné par le nom de l'artiste sur la façade et la foule massée sur le trottoir pour assister au concert. Je suis arrivé sur la pointe des pieds, à l'écoute, pour découvrir un métier au service des artistes et du public, en succédant aux directeurs qui ont tous laissé leur empreinte. En fouillant les archives, la presse ancienne ou les livres, en relisant les interviews données par Bruno Coquatrix, je me suis familiarisé avec cette épopée magnifique et la charge qui était désormais la mienne : faire « vivre » la salle, qui évolue, elle aussi, au fil des décennies, ne pas la laisser vieillir sans y prendre garde, animer une équipe passionnée et partager son engagement vis-à-vis des producteurs, des artistes, du spectacle vivant.

L'Olympia irise depuis cent trente ans les nuits parisiennes. Chacun à notre manière, nous, les directeurs, sommes là, un temps, pour prendre soin d'une partition joyeuse qui prépare l'étape suivante. Nous sommes tous un « fils spirituel de », fiers de cette appartenance à une lignée, avec ses codes, et porteurs d'une même philosophie. Chacun s'approprie la salle, porté par son parcours et son âme, respecte le lieu et en perpétue la tradition. L'atmosphère si particulière de cet endroit dégage quelque chose d'ineffable et de mystique qui nous habite.

Laisser la parole aux nouveaux talents et transgresser les formes et les genres déterminent notre « politique culturelle ». L'accueil des artistes, qui a participé à la notoriété de l'Olympia, est l'une de nos missions premières. La réception du public associé à chaque univers musical nécessite adaptation et fluidité. Chaque soir, l'Olympia se doit d'offrir une fête avec un spectacle différent, et chacun de nous remet quotidiennement en jeu son savoir-faire du monde de la nuit. Les séries de longue durée ne correspondent plus au goût du public. Dans une société du zapping, de la vitesse, sans renoncer à nos valeurs, il est essentiel de nous conformer à ce rythme contemporain afin que l'Olympia figure toujours parmi les salles préférées des amateurs de concert.

Nos artistes plus anciens, ou les plus aguerris, qui aiment se produire ici, participent à l'histoire du lieu, privilégient les collaborations, invitent volontiers d'autres musiciens à partager la scène qui leur est ouverte et devient alors passerelle : la transmission se fait entre générations et nous sommes fiers de participer à ces moments de communion d'une grande poésie.

Les jeunes générations contribuent elles aussi à l'aura du lieu. Pour les artistes qui vivent l'expérience magique d'une première fois, c'est un moment singulier, un mélange d'enchantement, de trac et de pression résultant de l'enjeu que cela représente. Nous leur apportons soutien et bienveillance. Se produire à l'Olympia, c'est pour beaucoup le départ d'une carrière, un inoubliable moment d'émotion. Derrière le show, le public ignore le travail des performeurs au cordeau, et la concentration nécessaire qu'implique une scène deux heures d'affilée. L'équipe de l'Olympia est à leur service durant ce moment suspendu.

Pour Bruno Coquatrix, le principe d'« ouvrir une salle pour un nouveau public avec de nouveaux artistes » était la clé du succès. C'est exactement ce qu'il a fait en 1954 avec Gilbert Bécaud. Travailler sur la programmation, avec davantage de rythme dans la succession des concerts, plus d'artistes invités, ouvrir la salle à des styles nouveaux, notamment aux musiques urbaines, dont l'influence dans l'univers musical actuel est désormais unanimement reconnue, accueillir les talents d'aujourd'hui, tout en conservant les fondamentaux : une salle comme l'Olympia nous incite à conserver en les adaptant au moment présent les intentions de départ. Nous exerçons un métier merveilleux, qui demande toutefois une attention de tous les instants pour observer ou anticiper les tendances.

Nous devons par ailleurs prendre en compte d'autres facteurs, au-delà de la « simple » programmation d'une salle bien dans son époque. L'Olympia doit trouver sa place en répondant à de nouveaux enjeux. Collectivement, nous menons une réflexion sur ces sujets sur lesquels nous ne pouvons plus faire l'impasse. Parmi ceux-ci, la réduction de l'empreinte carbone, avec des spectacles moins coûteux sur le plan énergétique : la scène de demain s'appuiera sur des expertises environnementales. La salle s'y prête, le rapport direct entre les artistes et le public est idéal, nul besoin d'artifices. Après une période de surenchère, le moment est venu de revenir à davantage de sobriété. Le public est dans le même état d'esprit et a les mêmes envies. Autre sujet, les nouveaux modes de communication : une soirée à l'Olympia est une parenthèse enchantée de deux heures, mais avec les réseaux sociaux, à l'affût des performances, les artistes souhaitent laisser des souvenirs, des visuels marquants qui sont ensuite partagés. Il convient bien sûr de tenir compte de ces éléments dans la réflexion avec les productions, par respect du public. Il faut être à son écoute, comprendre ses attentes et offrir de nouvelles conditions respectueuses du monde d'aujourd'hui mais aussi de l'évolution des désirs. De même, en convoquant les salles de demain, comment ne pas évoquer la place que prendra l'intelligence artificielle dans les créations des artistes et dans leurs spectacles ? Les progrès fulgurants de cette technologie sont vertigineux. Mais peut-on être et ne pas être ? Comment utiliser l'intelligence artificielle pour créer, avec précaution et de manière éthique ? Autant de débats auxquels s'associera l'Olympia afin de conserver l'âme du lieu et le faire vivre avec la même passion qui a animé ses équipes et ses directeurs depuis son ouverture, voici cent trente ans.

Laurent de Cerner
Directeur général de l'Olympia.

Double page suivante :
Christophe Maé, le 13 mai 2022.

RFM

CHANTER

INTRODUCTION

RÊVER

DANSER

Chaque génération, avec ses codes et ses envies, s'est appropriée avec bonheur l'Olympia, salle parisienne légendaire, à taille humaine, dont la programmation, à la fois éclectique et foisonnante, satisfait les goûts et les attentes de visiteurs aux multiples cultures musicales. La salle développe depuis sa création un projet artistique en phase avec les modes du moment, à travers des spectacles exigeants et populaires, ouverts à tous. Des files d'attente interminables et joyeuses égaient le quartier. Sacs de couchage sur le trottoir, listes d'arrivée dûment tenues et respectées, rues bouchées pour saluer une idole, service de sécurité bienveillant, rien n'est laissé au hasard. L'Olympia, le grand rendez-vous de la musique et du rire de la capitale, épouse l'esprit de son public et anime les rues alentour.
Aujourd'hui, c'est l'un des piliers de ce quartier jadis huppé et peu enclin aux excentricités. Fort d'une équipe qui a ciselé son savoir-faire à travers son amour de la scène, des mots, de l'humour et d'une ineffable prodigalité, cette salle chaleureuse et conviviale poursuit avec panache un parcours dont l'avenir réserve encore bien des surprises. L'Olympia écrit son histoire par le soin qu'elle met à parfaire son accueil, en s'engageant auprès des artistes et par la qualité et le traitement acoustiques de leur virtuosité.

L'Olympia que l'on connaît aujourd'hui fut transformée dans les années 1950, sous la houlette de Bruno Coquatrix, l'un de ses plus emblématiques directeurs. En pénétrant dans le hall

La salle, vide et silencieuse, avant l'effervescence de la soirée.

Jacques Brel en pleine gloire dans sa loge, en décembre 1966. L'image de l'artiste en peignoir est restée dans la mémoire collective. C'est ainsi qu'il vint saluer le public déchaîné et refusant de quitter la salle à la fin de son dernier concert, le soir de ses adieux.

À droite : Barbara, le 17 février 1969.

majestueux, le visiteur entretient le souvenir des plus grands, comme Gilbert Bécaud (en première partie à l'ouverture du music-hall, en 1954, et en vedette pour sa réouverture, en 1997). L'Olympia fut clairement la salle fétiche de Jacques Brel, l'artiste en peignoir, venu saluer un public qui ne voulait pas le lâcher lors de ses adieux en octobre 1966. En 1964, il y avait interprété *Amsterdam*, enregistré pour la première fois lors de ce récital. Ou celle d'Édith Piaf, dont l'amitié avec le directeur de l'Olympia force le respect. Il l'a aidée à ses débuts ; la chanteuse, qui y avait enregistré cinq albums en live, lui renvoya la balle ensuite en s'y produisant lors de périodes économiquement difficiles… Nombreux sont ceux qui ont marqué l'histoire du lieu et forgé sa légende.

La force de l'Olympia, cette folie magnifique, c'est d'avoir réussi l'exploit de séduire des artistes du monde entier. De jeunes inconnus devenus célèbres (les Beatles), des rockstars (les Rolling Stones), des vedettes du jazz (Sidney Bechet, Louis Armstrong) ont chanté, joué, dansé là. James Brown, Miles Davis, David Bowie, Jimi Hendrix ou Bob Dylan, autant de passages truculents qui expliquent, s'il en était besoin, l'aura du lieu. Avec l'arrivée de Bruno Coquatrix, la fougue de la jeunesse y trouve sa place. Les fans cassent les fauteuils pour leurs idoles françaises, comme Gilbert Bécaud ou Johnny Hallyday. Les premiers succès vont lancer la salle, dont la renommée grandissante attirera très vite les plus grands, mais fera toujours la part belle aux débutants.

Album de Gilbert Bécaud enregistré en public le 3 février 1966.

[...] J'AI DIT MON DERNIER MOT
DANS LE DERNIER JE T'AIME
MOI JE NE SUIS PLUS LUI,
JE NE SUIS QUE MOI-MÊME [...]
ET JE CRIE LA VIE COMME
UNE DERNIÈRE HEURE [...]
JE LE PRENDS DANS MES BRAS
IL EST À MOI L'OLYMPIA.

GILBERT BÉCAUD

Il est à moi l'Olympia.
Paroles de Pierre Delanoé, musique de Gilbert Bécaud,

THIERRY LANGLOIS

PRODUCTEUR *Uni-T Production*

« Le métier de producteur, ou de tourneur, consiste à découvrir de jeunes talents. Car chez nous, à Unit-T, nous les accueillons au tout début de leur carrière, dès leurs premiers pas dans ce métier. C'est un engagement de part et d'autre, pour lequel il faut du temps. Du temps pour rencontrer son public. Du temps pour obtenir de la reconnaissance. Cela peut prendre plusieurs mois, voire plusieurs années. Un passage à l'Olympia, c'est une étape pour l'artiste comme pour son producteur. Mais quelle étape ! Le premier Olympia, c'est impressionnant. Un moment très émouvant pour tout le monde, qui donne le vertige tant l'histoire du lieu est présente. La salle fonctionne bien, dans sa structure comme dans son organisation, avec un rapport scène-public sans équivalent. Et on y est bien accueilli. Alors, que ce soit en chanson, en rock ou en électro, nos artistes viennent se produire sur cette scène merveilleuse. La salle peut accueillir jusqu'à 2 800 personnes. Pour l'artiste, cela signifie qu'il ou elle peut déjà réunir ce public-là et prétendre dès lors à une certaine cooptation du milieu et des médias. C'est précieux dans une carrière. Un rendez-vous à l'Olympia entraîne d'autres rencontres, car il s'y passe toujours quelque chose. Nombre d'invités, sensibles aux tendances ou simplement

Dévoiler des artistes, les suivre avec patience et plaisir, construire leur carrière…

…vivre à leurs côtés leurs plus beaux moments.

curieux, viennent voir les artistes programmés. C'est une prise de risque pour un producteur, c'est certain, et le cheminement nous réserve parfois bien des surprises. La "naissance" d'un talent commence par des concerts… en appartement ! Elle se poursuit dans des salles de 140 places, puis on vise 500 places… Et un jour, l'artiste voit son nom sur la devanture de l'Olympia… Dévoiler des artistes, les suivre avec patience et plaisir, construire leur carrière… Les accompagner, eux qui existent au travers du regard des autres, vivre à leurs côtés leurs plus beaux moments, leurs espoirs, comme les passages plus difficiles : le métier bouge beaucoup, mais quoi qu'il arrive, j'aime cet investissement et ces temps partagés. Les petits bonheurs dans ce métier ? La découverte d'un(e) jeune artiste, flasher sur sa musique, être étonné, puis le (la) guider, le (la) voir mûrir, s'épanouir… Jusqu'à ce moment rêvé, son passage à l'Olympia. Quelques secondes de "noir salle" et le concert commence. C'est un instant éphémère, mais si fort, témoin du chemin parcouru, du travail accompli. Ce top départ est magique. On vit la soirée avec notre artiste. Un concert dans cette salle, ce sont des mois de préparation, une équipe d'une trentaine de personnes, un montage, l'aboutissement d'un travail collectif intense. Et voilà que ce concert a lieu sous nos yeux et, en direct, la réaction du public, très ému ou excité, avec standing *ovation ou simplement heureux, c'est une magnifique récompense. »*

THYLACINE, le 16 mars 2022.

La réaction du public, très ému ou excité, avec standing ovation ou simplement heureux, c'est une magnifique récompense.

Catherine Ringer, le 20 novembre 2021.

Programme du récital d'Édith Piaf, du 10 au 29 avril 1958.

Cette prestigieuse épopée a connu des hauts et des bas, des moments magiques... et des caisses vides... L'Olympia fut modifiée, agrandie, classée, au gré des modes et des besoins, des contraintes ou des nécessaires améliorations techniques. Un lieu dont les invités de marque ont adoré les générales, ces « soirées de gala » fastueuses, se bousculant aux portes pour saluer l'artiste du soir, le spectacle étant tout autant dans la salle, photographié puis diffusé dans la presse, qui n'a pas sa pareille pour montrer le Tout-Paris qui compte. De la musique populaire, des aventures humaines, des tubes entrés depuis au répertoire et des refrains, qui envahissent les postes radio comme les écrans de télévision et aujourd'hui les smartphones. Les concerts à l'Olympia, c'est la bande-son d'une époque. Toujours dans l'action mais sachant quand il le faut se donner le temps, l'Olympia d'aujourd'hui embrasse sa destinée. Le récit choral qui suit raconte notre histoire, celle d'un lieu qui a su se dessiner une place à part, et rend hommage à tous ceux qui ont fait vibrer les cœurs et les murs de cet antre du music-hall parisien. C'est ce que ressent Céline, une fidèle

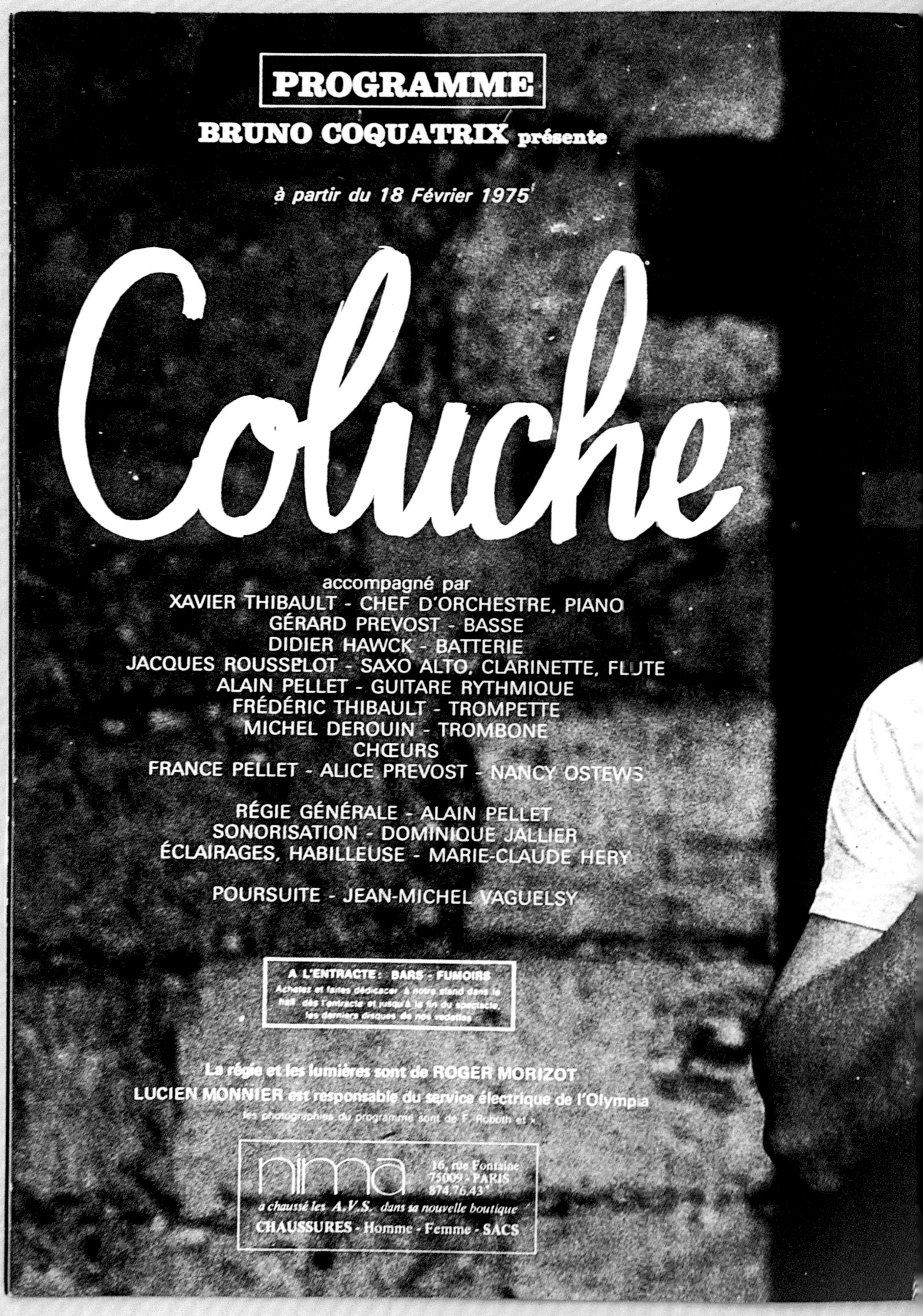

PROGRAMME

BRUNO COQUATRIX présente

à partir du 18 Février 1975

Coluche

accompagné par
XAVIER THIBAULT - CHEF D'ORCHESTRE, PIANO
GÉRARD PREVOST - BASSE
DIDIER HAWCK - BATTERIE
JACQUES ROUSSELOT - SAXO ALTO, CLARINETTE, FLUTE
ALAIN PELLET - GUITARE RYTHMIQUE
FRÉDÉRIC THIBAULT - TROMPETTE
MICHEL DEROUIN - TROMBONE
CHŒURS
FRANCE PELLET - ALICE PREVOST - NANCY OSTEWS

RÉGIE GÉNÉRALE - ALAIN PELLET
SONORISATION - DOMINIQUE JALLIER
ÉCLAIRAGES, HABILLEUSE - MARIE-CLAUDE HERY

POURSUITE - JEAN-MICHEL VAGUELSY

A L'ENTRACTE : BARS - FUMOIRS
Achetez et faites dédicacer à notre stand dans le hall dès l'entracte et jusqu'à la fin du spectacle, les derniers disques de nos vedettes

La régie et les lumières sont de ROGER MORIZOT
LUCIEN MONNIER est responsable du service électrique de l'Olympia
les photographies du programme sont de F. Roboth et x

Double page précédente : premier Olympia de Coluche, le 18 février 1975.

spectatrice de la maison, « La première fois que je suis venue, j'ai vu Michel Berger, j'avais sept ou huit ans. Depuis je viens régulièrement. Ce soir, je suis venue avec ma fille, c'est son premier concert. Ma mère est là aussi, elle est une habituée. L'Olympia, c'est mythique, c'est une salle historique pour la chanson française et c'est super de suivre la programmation, de génération en génération. C'est heureux de se dire qu'il y a des endroits comme celui-ci qui existent toujours, qui sont ancrés dans le patrimoine musical français. C'est très ancien, avec un côté théâtre avec ses rideaux rouges, mais, en même temps, par sa conception et sa programmation, c'est une salle super moderne. »

Concert de Lara Fabian, le 4 octobre 2022. Double page suivante : spectacle de J.-C. Méhu, *La Belle Époque*, 1942.

1

BON ANNIVERSAIRE L'OLYMPIA !

Sortie de l'Olympia en 1900.

« LA RÉCENTE OUVERTURE DE LA SALLE FAMEUSE DU BOULEVARD DES CAPUCINES [...] NOUS FOURNIT L'OCCASION D'ÉVOQUER QUELQUES SOUVENIRS DU PARIS DE JADIS, DE CE PARIS QUI, CHAQUE JOUR, SE TRANSFORME, PREND UN ASPECT NOUVEAU. ÉVOLUTION NORMALE, TRIBUT PAYÉ AU PROGRÈS, QUI NE LAISSENT PAS DE REGRETS LORSQU'IL S'AGIT, DANS L'AMÉNAGEMENT DE NOTRE CAPITALE, DE RÉUSSITES AUSSI COMPLÈTES, AUSSI PARFAITES QUE CELLE DE L'OLYMPIA. VOILÀ PARIS DOTÉ D'UNE SALLE MAGNIFIQUE, QUI NE LAISSE RIEN À DÉSIRER SOUS LE RAPPORT DU CONFORT ET DE LA RICHESSE ARTISTIQUE. »

Gaston Thierry, *CINÉMAGAZINE*, 6 juin 1930.

OLYMPIA
DIMANCHE
ENTRÉE
ENTRÉE

Inaugurée en 1893, mondialement aimée des artistes, l'Olympia a traversé les décennies en gardant son nom, et conservé sous son toit des éléments des premiers temps afin que chacun se souvienne des origines de cette belle histoire.
Danses ou récitals de chansons populaires, les revues se succèdent et se répondent, au gré des directeurs aux extravagances talentueuses et prêts à en découdre pour suivre leur instinct. En devançant les tendances et les goûts du public friand de délices inattendus, l'Olympia a défié les habitudes et revendiqué une philosophie différente et unique, qui fait encore aujourd'hui sa spécificité.

Lithographie parue dans Les Programmes illustrés des théâtres et des cafés-concerts, Ernest Maindron, Librairie Nilsson Per Lamm, Paris, 1897.

Les bonnes idées de Joseph Oller

■

À l'origine, après la mode des cafés-concerts et durant la Belle Époque, Joseph Oller a l'intuition que le moment est venu de proposer une autre forme d'attraction. Ce touche-à-tout talentueux sera également l'inventeur du Pari mutuel (qui deviendra plus tard le PMU). Toujours à l'écoute des modes, après avoir inauguré la grande piscine Rochechouart puis celle des Arènes nautiques de la rue Saint-Honoré, il embrasse une carrière inattendue dans le spectacle populaire et le « music-hall », un genre nouveau, qu'il invente quasiment. En 1889, Joseph Oller fonde, avec la complicité de Charles Zidler, imprésario et homme de spectacle, le Bal du Moulin-Rouge, devenu « théâtre-concert » en 1902. En 1893, il ouvre le théâtre de l'Olympia, premier vrai music-hall de Paris. Danse, cirque, acrobatie, les représentants du spectacle vivant déjà reconnus ou débutants défilent sur la scène de ce gigantesque édifice dans le Paris canaille, installé au cœur de ce quartier tranquille. La part belle du spectacle est réservée aux artistes les plus populaires afin d'assurer les entrées. Chacun y chante, joue ou danse avec passion. Avec sa propre sensibilité, chaque artiste s'applique à conquérir

Affiche de Jules Chéret pour un spectacle de 1887.

Charles Henry Tenré, *L'Abreuvoir de l'Olympia pendant l'entracte*, vers 1918.

SUZANE

28 boulevard des Capucines
J'ai rêvé de monter sur scène
devant la foule curieuse
Chanter mes poèmes

Voir des mains en l'air
des mains qui s'tiennent
des corps et des cœurs
sur le même bpm

Comme les grandes stars
Voir mon nom en rouge sur le boulevard
Je rougis quand j'pense qu'avant
Y a eu Piaf, Brel et Gainsbarre

De tous ceux qui ont
Joué leur première fois
comme si c'était la dernière
1893-2023
L'Olympia,
c'est toi qui as la plus longue carrière.

Suzane, le
22 septembre 2022.

1893-2023

L'Olympia, c'est toi qui as la plus longue carrière.

son auditoire grâce à la proximité avec les spectateurs et à gagner leur estime par son talent. Il émeut, transporte un public, qui vient rire, pleurer, partager son émotion. La légende de l'Olympia est née : le miracle s'est produit, le public est séduit, conquis par l'ambiance du lieu. Un pari avec des coups audacieux et des presque faillites.

À l'emplacement de l'Olympia, boulevard des Capucines, Joseph Oller a d'abord installé des montagnes russes, en 1888. Tout Paris s'y retrouve pendant quatre ans pour éprouver des sensations fortes, qui enchantent un public toujours plus nombreux. Le succès est immense mais l'édifice, en bois, n'aura pas l'heur de plaire à la préfecture de police, qui, le jugeant trop dangereux en cas d'incendie, le fait détruire. Joseph Oller ne se décourage pas et fait ériger un music-hall sur le terrain, lequel « à tous points de vue, mérite d'être placé au premier rang des constructions modernes ». Sa structure de fer, un matériau solide et résistant dont la production a décuplé, permet de bâtir une construction plus fiable. La France se trouve alors à l'avant-garde de la conception des édifices métalliques, les progrès techniques et le savoir-faire industriel jetant les bases d'un art nouveau. Huysmans l'a d'ailleurs souligné en 1879 : « Nous voyons clairement aujourd'hui l'évolution déterminée en littérature et en peinture ; nous pouvons également deviner quelle sera la conception architecturale moderne. Les architectes et les ingénieurs ont créé un art nouveau, un art tout contemporain. » En homme en avance sur son temps, Joseph Oller l'a vite compris et la salle qu'il ouvre, splendide exemple d'une architecture assumée et maîtrisée, n'a pas sa pareille.
Le 11 avril 1893, on inaugure donc ce nouveau lieu, baptisé « Olympia ». L'édifice se trouve dans un quartier mêlant la population interlope de la nuit et familles bourgeoises. Dans le Paris du Second Empire, les boulevards et les cafés constituent des lieux de rencontres habilement mis en scène.

Affiche de Jules Chéret, 1892.

Affiche de l'exposition « Les Arts incohérents » en 1892. Rassemblés autour de Jules Lévy, journalistes, caricaturistes et poètes participent à ce mouvement qui fit sensation à la fin du XIXe siècle avec ses œuvres ironiques et potaches. Le dernier bal déguisé organisé par le groupe a lieu à l'Olympia en 1893.

OLYMPIA 26 Brd DES CAPUCINES
HENRI PATRICE DILLON
EXPOSITION DES ARTS INCOHÉRENTS
TOUS LES JOURS
À PARTIR DE 10.h DU MATIN
PRIX D'ENTRÉE
SEMAINE 1f 15
VENDREDI JOUR RÉSERVÉ 1f 95
DIMANCHE 0.65
JEAN LOUIS EUGÈNE EMILE COHL
AFFICHES ARTISTIQUES E. PICHOT. 72, Quai Jemmapes. PARIS.
CETTE AFFICHE NE PEUT ÊTRE VENDUE

Autrefois dans la cour pavée, qui fut longtemps l'entrée des artistes et des techniciens, cette fontaine permettait d'abreuver les chevaux. Elle est désormais conservée dans les coulisses.

Affiche de PAL (Jean de Paléologue), vers 1895.

ROMAIN TURGEL, PRODUCTEUR

Veryshow

« Quand j'ai débuté, avec mon père, en 2008, nous ne savions pas trop comment aborder cette profession nouvelle pour nous. Au-delà de la salle et de son histoire, échanger avec l'Olympia a été très instructif. Quand on a souhaité y produire nos artistes, nous étions nous-mêmes en train d'apprendre le métier, dans sa relation aux autres, avec ses codes et ses valeurs. Non pas dans une approche financière ou stratégique, mais davantage pour tout ce qui concerne l'environnement de la production.

On longe des couloirs et puis la salle est là, rouge, les couleurs de l'Olympia.

Nous avons essuyé quelques déconvenues par manque de connaissance des us et coutumes. L'équipe de l'Olympia nous a aidés à cerner le fonctionnement du milieu musical, à en respecter les règles, et cet apport a été extrêmement précieux pour nous. À cette époque, c'était Arnaud Delbarre qui dirigeait la salle. Avec Yvette, ils nous ont guidés avec finesse et subtilité. Les premières années, ils ont littéralement « fait notre éducation » afin de nous éviter écueils ou erreurs funestes. Nous leur devons beaucoup et nous leur en sommes encore aujourd'hui très reconnaissants. On a gardé ce fil conducteur avec l'équipe, cette « intimité » dans nos rapports commerciaux, une confiance réciproque née de nos tâtonnements pour réaliser nos envies magnifiques.

Je suis arrivé par le parking souterrain, un peu austère, impressionnant.

C'est en 2010 qu'on « a fait » notre premier Olympia, avec Alan Parsons. Pour Alan comme pour nous, c'était une première date dans ce lieu mythique et nous étions tous stressés, mais l'équipe était à nos

 Alan Parsons, le 1er juin 2010.

côtés, et ce sont des souvenirs pleins d'émotion. Pour ce concert, je suis arrivé par le parking souterrain, un peu austère, impressionnant. On longe des couloirs et puis la salle est là, rouge, les couleurs de l'Olympia. Depuis, j'aime entrer par là. J'aime ce petit sas de décompression avant le show.

Pour la promotion de nos artistes, passer à l'Olympia est fondamental. On pourrait parfois viser des salles plus grandes, mais on privilégie celle-là. Et si on affiche complet, peu importe ! Par son histoire, qui fait de cette scène une « marque », forte, unique, tellement singulière, s'y produire participe à la carrière d'un musicien. La perception qu'en ont les spectateurs et les gens du métier nous permet de changer l'image d'un artiste, de lui faire passer un cap dans sa carrière. L'Olympia a construit son aura, sa réputation, son mystère un peu grisant, travaille sa programmation, son avenir, tourné vers la jeune génération résolument digitale.

Cette atmosphère magique, que l'on ne retrouve nulle part ailleurs, ça marche, et ça marche depuis cent trente ans !

L'Olympia est une scène différente à tous points de vue. Par sa localisation, son hall immense, sa configuration, ses backstages, son approche technique, son plateau facile à travailler, ses proportions. Et à chaque concert, l'équipe nous accueille, avec sa présence discrète et chaleureuse.

Cette atmosphère magique, que l'on ne retrouve nulle part ailleurs, ça marche, et ça marche depuis cent trente ans ! »

The Stranglers, le 13 mars 2023.

the stranglers
the stranglers
Bazstar
Bazstar

Affiche de la « courtisane », actrice et danseuse LIANE DE POUGY, photographie de Nadar, vers 1893.

avait lieu, et comme j'étais garçon d'honneur, j'eus le plaisir de décrocher la jarretière !

C'est égal, en calculant, quatre baisers... paternels : 20,000 francs... cela fait 5.000 francs l'un !

Mais j'ai des droits au prix de vertu et je puis dire :

— J'ai fait une bonne action !...

Stéphen Lemonnier.

Olympia. – Ouverture.

Les Montagnes Russes sont disparues définitivement, et, à leur place, se dresse, admirable de luxe, de confort, un nouveau monument élevé au plaisir : l'*Olympia*.

M. Oller est le dieu de cet établissement ouvert à la joie et l'architecte M. Gaston Carle fut son prophète.

L'Exposition des Arts incohérents, visible tous les jours à l'œil nu — ou orné de glaces pour ceux qui ont des monocles ou des binocles — a élu domicile dans le foyer, et ce n'est qu'un éclat de rire perpétuel.

Arthus, *Hommage aux pointillistes* ; Bérard, *Un cheval emballé* ;Emile Cohl avec ses portraits authentiques des figurants de la cavalcade du 22 septembre, un chef-d'œuvre d'incohérence *vécue* ; Gueldry et ses *Vues de Paris* ; Ko-Shirius, *Un Monsieur dans une haute situation* ; Emile Matrat, l'Œnone de la Redoute du *Journal Hernani*, un chef-d'œuvre d'ingéniosité cocasse ; Mesplès, l'*Etoile n° 2* ; Myette, *Saint Jean dans le désert* ; Penot (Albert), cinq petits bijoux qu'on s'est disputés ; Henri Pille, *Eventail* ; Régamey, le *Fini dans l'Infini* ; Riol (Antoine de Coton), *Chinois* ; Xénophon (ce pseudonyme cache l'un de nos plus spirituels vaudevillistes), la *Noce 1830* ; Zig-Zag (élève Hamburger), onze tableaux, peut-être douze, — mettons dix et vivons joyeux !

La salle de l'Olympia est une merveille, un enchantement des yeux. On est ébloui par l'orgie des lumières ; on est stupéfait de l'organisation luxueuse.

Le spectacle est très curieux. Une pantomine comique, un ventriloque, un tireur effrayant d'adresse, des acrobates et des gymnasiarques et son quadrille babahissant, Mme Bob Walter, la serpentine mondaine ; enfin, un ballet-actualité fort amusant de Delilia, réglé très habilement par Pastorini, musique fringante de M. Antoine Banès : *Olympia*. Sujet : les Montagnes Russes personnifiées par de jolies ou de belles danseuses, sont vaincues par Olympia personnifiée par l'exquise Mlle Rivolta.

Tararaboum.

ÉCHOS

Ambigu. — M. Rochard a repris la direction de l'Ambigu, il inaugurera sa nouvelle direction par *Rocambole* un drame terrifiant.

Menus-Plaisirs, — Le théâtre des Menus-Plaisirs vient de reprendre *l'Oncle Célestin*, d'Audran, Ordonneau et Keroul, qui eut un si éclatant succès de bon rire et de franche gaieté. A cette occasion, la séduisante Gilberte a reparu sur la scène dans le rôle de Clémentine dont elle a fait une véritable création.

Article paru dans *La Jeune Garde* à l'ouverture de l'Olympia le 27 avril 1893.

Divertissements, bals populaires, rencontres secrètes et commerce de l'amour s'y côtoient. L'Olympia se trouve très bien située. Son programme emballe la presse tout autant que les visiteurs. *Le Journal* du 28 mars 1894 ne tarit pas d'éloges sur les spectacles : « Demain, l'Olympia ouvrira comme d'habitude ses portes au public et offrira les merveilles de ses spectacles et de sa salle, la plus artistique de Paris. » Et le 16 octobre de la même année, on pouvait y lire : « Déjà, l'Olympia, le merveilleux établissement des Grands Boulevards, passait pour l'un des plus beaux de Paris. Que va-t-on dire aujourd'hui ? Quelle formule d'admiration et d'éloge va-t-on trouver ? M. Oller a profité, en effet, de ses loisirs d'été pour donner à la splendide salle du boulevard des Capucines un aspect plus chatoyant et plus grandiose encore. Impossible d'imaginer le luxe inouï, le confort étonnant de la nouvelle salle [...], enrichie d'ors et de décorations du meilleur goût, tendue d'étoffes aux couleurs délicieuses et dans laquelle on pénètre par un escalier gigantesque dont l'élégance

Olympia

TÉLÉPHONE : 244-68 — 28, Boulevard des Capucines, 28 — TÉLÉPHONE : 244-68

Les Frères ISOLA, Directeurs

E. DOMERGUE, Chef d'Orchestre — A. SIROIS, Régisseur Général

Programme du Mardi 24 Novembre 1903

PREMIÈRE PARTIE

1. Orchestre
2. Rose & Jack
3. LES FORBÉE — Acrobates Mondains
4. PERZINA — et ses Singes Acrobates

5 Minutes d'Entr'acte

PARIS QUI CHANTE

Revue en 2 Actes et 12 Tableaux, de MM. MONRÉAL et BLONDEAU.

Musique arrangée par M. DOMERGUE. — Chorégraphie de M. CURTI. — Costumes de la Maison PASCAUD, dessinés par M. GERBAULT.

Décors de M. MENESSIER.

GERMAINE GALLOIS

Augusta POUGET — REGNARD — Mlle Celia GALLEY

VAUNEL — BRUNAIS — RAITER — DAMBRINE

La MOTOGIRL — Célèbre Poupée Electrique (*Créatrice*)

ALEXIA et son Danseur ORFÉO — Danses Sensationnelles

Mlle JANSSEN — Mlle E. PERRIN — Jane DOÉ — VASSER — TAVERNIER — Mlle MARGIL

M. HERISSIER — Mlle BARAL — Mlle DERVILLE — Mlle YVONNE — Mlle MESSIÉ — Mlle SARITA — Mlle CLAIRVAL

1er tableau : Sur les Boulevards. 2e — Paris Electrique. 3e — Un peu de tout.

4e tableau : La Revue à la Vapeur. 5e — Allons donc à London. 6e — Musique en tête.

7e tableau : L'agence des doubles. 8e — Tout le monde sur le pont. 9e — Les Pêcheurs de Lune.

10e tableau : Le célèbre Souza. 11e — Bambinet et Cie. 12e — Le Palais des Joujoux.

Au 12e Tableau : LE PALAIS DES JOUJOUX (Apothéose)

Le Spectacle sera terminé par :

UNE CHASSE AU CERF

Scène Cinématographique

Pianos de la Maison PLEYEL — Jeudis, Dimanches et Fêtes, Matinées à 2 h. 1/2 — L'Administration se réserve le droit de modifier le Programme

Programme du 24 novembre 1903.

est absolument remarquable. [...] Bref, la soirée de réouverture de l'Olympia a connu un immense succès. On s'écrasait, du reste. Et on s'écrasera encore [...]. »

Jusqu'en 1914, luxe et volupté sont les marques de fabrique de ce temple de la revue qu'est l'Olympia. Mais la mobilisation de 1914 provoque sa fermeture et l'envoi au front de son directeur d'alors, Jacques Charles. Petit à petit, malgré son absence, la salle rouvre progressivement avec des tours de chant, moins onéreux à produire. Mais l'entre-deux-guerres connaît aussi ses périodes de crises et 1929 sonne le glas de l'aventure. Jacques Haïk, producteur de cinéma, la rachète. Celui qui sera également le fondateur du Grand Rex transforme l'Olympia en cinéma, qui sera réservé aux soldats allemands pendant l'Occupation. Il faudra attendre le début des années 1950 pour que l'Olympia retrouve l'esprit des lieux si cher à ses fondateurs. Bruno Coquatrix n'aura de cesse de ranimer sa splendeur passée. La légende de l'Olympia renaît. Gilbert Bécaud, révélation de l'année 1953, l'inaugure en vedette américaine. Succès triomphal. Il deviendra l'un des plus fidèles artistes des lieux, la mascotte du music-hall.

File d'attente devant l'Olympia devenue un cinéma, avant la projection du *Comte de Monte-Cristo*, de Robert Vernay et Ferruccio Cerio, en février 1943.

Projection de *La Marseillaise*, de Jean Renoir, en septembre 1939.

Pour moi, l'Olympia est associée à un accomplissement et à une fierté immense.

POMME

L'Olympia, quand je suis enfant puis adolescente, c'est une salle totalement inaccessible. J'habite à Lyon, alors c'est comme un mirage, un autre monde auquel je n'ai pas accès. Un rêve, quelque chose qui n'existe pas vraiment. Je n'ai jamais vu de concert à l'Olympia avant d'y jouer moi-même.
En 2021, c'est donc une première fois, en solo, et mes trois concerts affichent complet. J'ai depuis un attachement particulier à cette salle : pour moi, l'Olympia est associée à un accomplissement et à une fierté immense.

C'est une salle magique pour son acoustique et son histoire. J'aime beaucoup les loges aussi, lieu de rassemblement, d'échange et de fête, que l'on soit là pour jouer, ou non.
Pour moi, petite Lyonnaise, l'Olympia était une sorte de mythe devenu une réalité incroyable il y a un an et demi. À la fin de la tournée pour mon deuxième album, Les Failles, ce fut une sorte de point final magnifique.

Une réputation bien au-delà des frontières

C'est grâce au passage de Charles Trenet, en 1956, que Bruno Coquatrix parvient à asseoir la réputation de la salle. Mais les musiciens de jazz ne sont pas en reste, et n'ont pas leurs pareils pour déchaîner les foules et transformer la fosse en *dancefloor*. « Si Bruno Coquatrix n'avait pas été ce qu'il était,

Publicité pour la salle, publiée dans les programmes de chaque spectacle, 1959.

un homme qui n'a jamais compté, mais qui a toujours mis sa vie en péril, jamais l'Olympia n'aurait existé », racontait Jean-Michel Boris, qui la dirigera après lui. Coquatrix, magicien du spectacle au flair incontesté, mit soigneusement au point sa formule pour faire renaître la maison. « Sa » salle suit l'air du temps et devance même les tendances et les goûts du public friand de délices inattendus.

Spectacle de J.-C. Méhu, *La Belle Époque*, 1942.

La salle de billard, une merveille classée

Vestige de cette époque triomphale, trésor caché de l'Olympia, décorée de boiseries sculptées et de panneaux en céramique et aujourd'hui classée, elle fut construite peu après l'ouverture, vraisemblablement aux alentours de 1895. Elle n'est pas signalée dans les documents initiaux du cadastre, son inscription y a été ajoutée vers 1900. Longtemps, les artistes comme le personnel ont ignoré son existence. L'ancienne salle de billard fut découverte en 1956 par Bruno Coquatrix. Pour s'y rendre, on entre par la façade principale. Derrière une porte discrète, on emprunte le « couloir des mains », où l'on retrouve les empreintes d'une soixantaine d'artistes mobilisés contre la fermeture tant redoutée au mitan des années 1990 et qui ont accepté, en 1997, à la fin des travaux, de faire mouler leurs mains dans le plâtre. On arrive alors enfin dans cette fameuse « salle de billard » : 6 mètres sous plafond, 130 mètres carrés, qui semblent n'avoir jamais subi les épreuves du temps. Des boiseries magnifiques, des fresques réalisées avec les céramiques de Sarreguemines évoquent une époque raffinée. Les faïences de Sarreguemines sont alors connues dans le monde entier. C'est en effet le début des panneaux décoratifs. Les modèles produits s'inspirent très souvent de l'histoire ou de la nature, répondant à une insatiable demande du public. Durant plus d'un siècle, les productions des manufactures reflétèrent ainsi, à leur manière, l'évolution du goût et des styles. La décoration de la salle est composée de nombreuses armoiries agrémentées de devises britanniques. Sur les murs se succèdent des scènes de la vie quotidienne au Royaume-Uni à l'aube du XXe siècle, des vues très colorées et minutieusement réalisées de paysages anglais, du Pays de Galles, d'Écosse et d'Irlande. En effet, ce cercle de billard a été construit en hommage à Édouard VII, alors prince de Galles puis roi d'Angleterre. Amoureux fou de la capitale française, le monarque séjournait souvent dans le quartier de l'Olympia. Il y était connu pour en goûter les plaisirs… La loge, d'où il observait notamment les demi-mondaines et les comédiennes, est toujours visible.

Abandonné après la Première Guerre mondiale, ce bel écrin oublié servit ensuite à entreposer décors et matériel. C'est donc par hasard, au moment de la transformation de l'Olympia, lorsqu'il fallut débarrasser et nettoyer le « sacré foutoir » accumulé dans ce qui était devenu une remise, qu'apparut la merveille au grand jour. Classée lorsque l'Olympia était menacée de disparition, bichonnée, amoureusement conservée, la salle de billard fait partie de l'histoire du lieu. On dit que Dalida y a passé sa première audition, en 1956, et que Johnny Hallyday y aurait fait ses premières répétitions avant de jouer sur scène devant ses fans déchaînés. Désormais, elle est réservée aux soirées privées.

Éléments du décor de l'Olympia dans sa période « Belle Époque », conservé dans les coulisses.

Le « couloir des mains », où l'on retrouve les empreintes d'une soixantaine d'artistes mobilisés contre la fermeture de l'Olympia. En souvenir de cet élan collectif, elles se trouvent dans la coursive qui mène à la salle de billard.

Pages suivantes : la salle de billard. Trésor caché de l'Olympia, décorée de boiseries sculptées et de panneaux en céramique et aujourd'hui classée, elle fut construite vraisemblablement aux alentours de 1895.

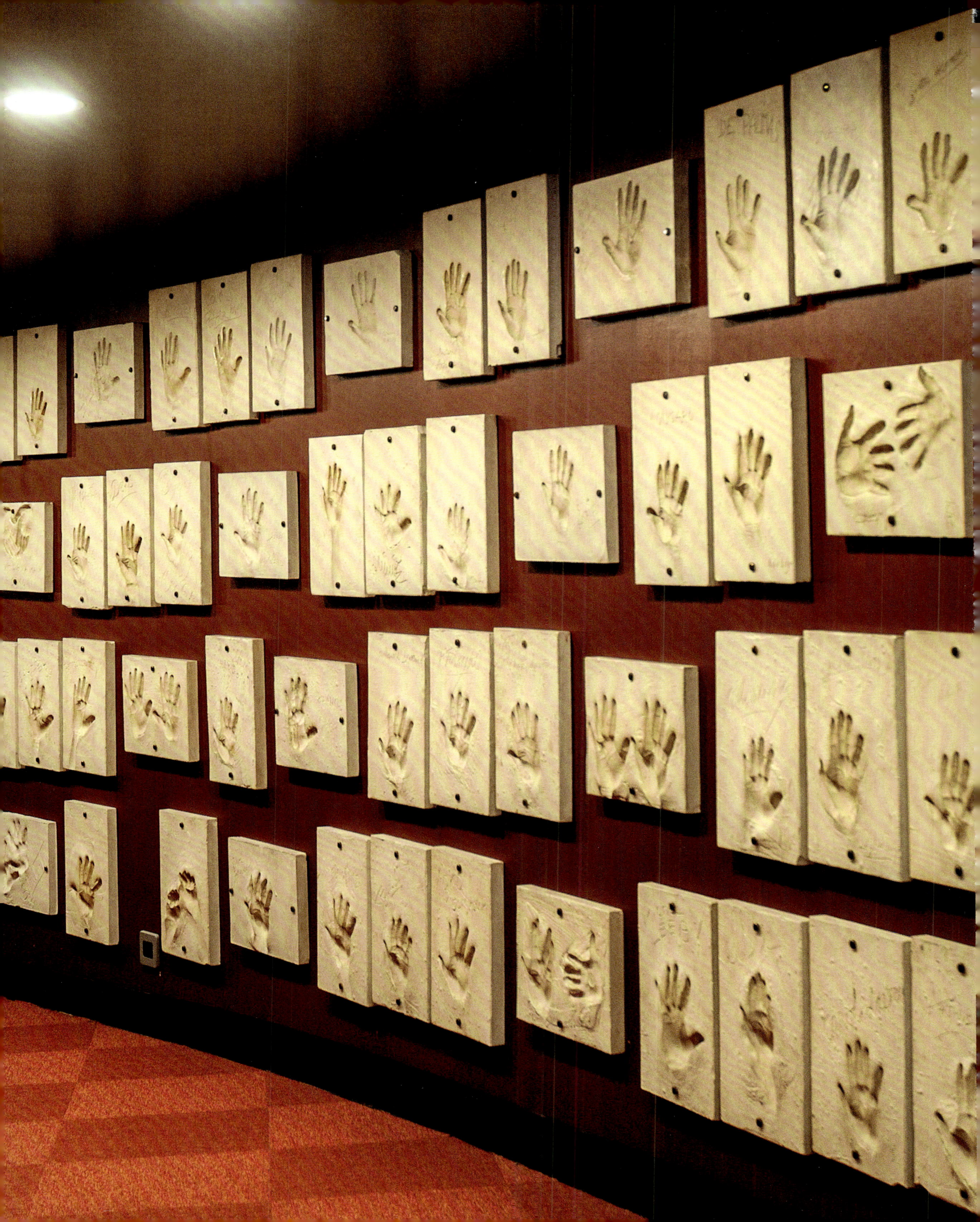

LE COEUR SUR LA MAIN

FALL OF THE CLYDE

IL EST DES LIEUX REMPLIS DE MAGIE, DES LIEUX QUI ONT UN PASSÉ, UN PARFUM DE MYSTÈRE. DES LIEUX QUI VOUS COLLENT À LA PEAU, QUI FONT PARTIE DE VOTRE VIE, DONT LES NOMS VOUS REVIENNENT SUR LES LÈVRES NATURELLEMENT, TANT ILS FONT PARTIE DE VOUS-MÊME. ET L'OLYMPIA EST L'UN DE CES LIEUX DE PRESTIGE ET DE PRIVILÈGE.

CHARLES AZNAVOUR, 1988

On va détruire l'Olympia !

L'émoi suscité par la nouvelle touche la France entière, voire le monde entier, tant la salle fait partie du patrimoine collectif des amateurs de spectacles. En 1995, le propriétaire des près de 100 000 mètres carrés qui englobent la salle décide de lancer une rénovation d'envergure. Il n'est pas question, bien entendu, d'une destruction totale, d'un « assassinat », comme on a pu le lire dans une presse déchaînée. La salle va être déplacée et reconstruite à l'identique quelques mètres plus loin, lors d'une opération unique et spectaculaire, qui n'aurait sans doute pas été possible sans la mobilisation sans précédent des artistes, des professionnels du spectacle et du ministère de la Culture, dirigé alors par Jack Lang, dont il faut souligner l'implication décisive dans ce dossier.
Le chantier est gigantesque, et provoque un grand chambardement dans tout le quartier Édouard-VII : seules subsistent les façades haussmanniennes du boulevard des Capucines.
Le déplacement puis la construction du nouveau lieu résultent d'une belle histoire collective. Les concerts se poursuivent durant les travaux et la salle ne ferme complètement que durant six mois. En 1997, l'Olympia renaît de ses gravats. La « vieille salle », à l'acoustique irréprochable, laisse place à la « nouvelle salle ». Régie modernisée, scène plus vaste, loges neuves mais respectueuses du passage de tant d'illustres artistes. Pas moins de 750 personnes ont travaillé sur ce chantier hors normes afin de permettre la réouverture à la date prévue.
Bien sûr, les puristes attachés à l'histoire de la maison y trouvent à redire, mais les générations plus jeunes ne s'émeuvent pas outre mesure du déplacement des murs. Pour eux, tout est comme avant, voire mieux.
L'entrée se situe toujours boulevard des Capucines et peu de personnes s'aperçoivent qu'il faut parcourir non plus 18 mais 35 mètres dans le hall pour emprunter les escaliers, reconstruits à l'identique.
La salle de billard, inscrite à l'inventaire supplémentaire des monuments historiques, change d'étage, démontée au premier et remontée au rez-de-chaussée. Si d'aucuns étaient dubitatifs durant la phase des travaux, il faut reconnaître que l'Olympia n'a perdu ni en prestige ni en qualité. L'opération, bien menée, est saluée par les amoureux du lieu et les gens du spectacle. « Le métier est satisfait ! » déclare Jean-Michel Boris, soulagé, à la réouverture.

Élément de décor datant des origines de la salle, désormais conservé à l'entrée de la salle de billard.

Gilbert Bécaud, ici en compagnie de Jack Lang. Le ministre de la Culture fut très impliqué pour la défense et la protection de la salle, finalement conservée et reconstruite à l'identique. L'artiste fut parmi les plus farouches défenseurs de la salle menacée.

JEAN-CLAUDE CAMUS, ANCIEN PRODUCTEUR

« J'ai connu de près l'Olympia au début des années 1960, j'y ai même eu un bureau du temps de Bruno Coquatrix. Je m'occupais d'un artiste, Moustique, qu'il souhaitait inviter. Il m'a fait venir pour en parler, mais m'a proposé tout autre chose. Le métier de tourneur n'existait pas encore à l'époque et j'ai donc organisé à sa demande une « tournée de l'Olympia » avec plusieurs artistes, dont Gene Vincent, Les Chats Sauvages et Moustique. On faisait tout, y compris coller les affiches ! Mais les salles en province n'étaient pas encore réceptives à ce type de démarche singulière, les spectacles étaient différents à Paris. Le nombre d'entrées n'a pas été suffisant, l'expérience a tourné court. Mais depuis, je rêvais de voir un jour mon nom sur la façade. Et je l'ai eu plus tard, de nombreuses fois !

Je rêvais de voir un jour mon nom sur la façade. Et je l'ai eu plus tard, de nombreuses fois !

J'ai travaillé de nouveau avec l'Olympia quelques années après, lorsque la salle était dirigée par Jean-Michel Boris. C'était une personnalité lumineuse, nous avons été très liés pendant plusieurs décennies. Avec lui, j'ai programmé Johnny Hallyday, dont j'étais devenu le producteur. En 1979, Johnny assistait au concert de Supertramp et m'a demandé à la fin de la soirée, lorsqu'il est venu saluer les musiciens, si j'acceptais de « m'occuper » de lui. Jamais, même en rêve, je n'aurais imaginé ça ! Nous avons travaillé ensemble pendant trente-cinq ans ! Quand j'ai commencé à collaborer avec lui, nous avons instauré un principe : le spectacle de Paris devait être le même que celui des régions. Il a été tout de suite d'accord avec ça. Ce n'est pas ce qui se faisait à l'époque, mais il a compris immédiatement la nécessité de procéder ainsi par respect pour le public, qui le lui a bien rendu d'ailleurs.

JOHNNY HALLYDAY en backstage, mars 1969.

J'ai produit Michel Sardou également, ainsi que Line Renaud, Mimie Mathy, Sheila, Michel Fugain, entre autres... Tous aimaient beaucoup passer à l'Olympia, qui avait le charme d'un lieu à taille humaine et offrait un rapport assez direct entre la scène et le public. Par la suite, Johnny s'est produit dans des salles immenses, mais a gardé une affection certaine pour celle-ci, la salle de ses débuts et du début de son succès. Il adorait être à l'Olympia.
L'Olympia était la première salle du music-hall, une salle mythique, la première et la seule : y chanter était un événement pour un artiste, une consécration. Johnny était sensible à l'histoire du lieu, à l'atmosphère.
Michel Sardou est resté plusieurs mois à l'affiche ! Cela n'arrive plus aujourd'hui, le métier tel que je l'ai pratiqué a beaucoup évolué, l'organisation des concerts n'a plus rien à voir avec ce qu'elle était.

Les artistes rêvent toujours de "faire l'Olympia". Les temps changent mais la passion reste intacte.

Dans les années 1990, avec Jack Lang, qui était alors ministre de la Culture, j'ai participé activement au suivi des travaux lors de la destruction de la salle pour la recréer à l'identique. À cette période, j'étais président du Syndicat national des producteurs et organisateurs de spectacles et également président du Fonds de soutien à la chanson, aux variétés et au jazz.
J'ai ainsi suivi de très près ce dossier, avec Jean-Michel Boris, afin de préserver le lieu.

Arnaud Delbarre a pris la suite de Jean-Michel Boris. Il connaissait parfaitement, intimement la musique. La réouverture a été une belle réussite. Depuis, le fonctionnement de la salle est différent, mais les directeurs qui se sont succédé ont perpétué le savoir-faire, la tradition et l'amour de la scène des origines.
Les artistes rêvent toujours de "faire l'Olympia". Ils l'écrivent partout, l'annoncent sur les réseaux sociaux. Les temps changent mais la passion reste intacte.
Lorsque je passe devant, je regarde toujours le nom inscrit sur la façade. Si le métier a beaucoup évolué, la magie, elle, continue. »

MICHEL SARDOU à la fin de son concert en novembre 1971, applaudi par Mireille Mathieu.

2

L'OLYMPIA, LA BANDE-SON D'UNE ÉPOQUE

Double page précédente : Lionel Hampton à pieds joints sur une batterie en 1954.

Le mythique concert du « parrain de la soul », James Brown, le 21 septembre 1967.

Josephine Baker, longue traîne et diadème de reine du music-hall, sur scène en mai 1959.

Dans les années 1930, l'Olympia fut, un temps, un cinéma. Dumien et Jacques Haïk, un distributeur de films, s'étaient associés pour transformer le lieu en une salle de 1 900 places. Façade blanche, enseigne lumineuse, le spectateur de l'époque n'allait pas voir un film, il allait au cinéma. L'industrie cinématographique a conscience de l'importance de l'accueil du public et l'Olympia, en offrant du rêve, devient alors l'un des fleurons du septième art. Le cinéma rassemble, distrait, les salles sont comparées à des cathédrales. On s'y rend en famille. À Paris, les Grands Boulevards proposent une programmation époustouflante.

La chanson française connaît une période exceptionnelle pendant l'entre-deux-guerres. C'est l'heure de gloire du music-hall, dont Maurice Chevalier, Charles Trenet ou Édith Piaf sont les chefs de file. Juste après la Seconde Guerre mondiale, la France veut faire la fête, oublier les disettes et l'Occupation. C'est alors la belle époque du jazz. À partir de 1958, Bruno Coquatrix, lui-même ancien musicien de jazz, crée la société Paris Jazz Concert afin de répondre à la demande du public. Il inaugure une série de concerts hebdomadaires à l'Olympia, qui donne au public parisien l'occasion d'apprécier de grands artistes du moment. Au total, 78 concerts auront lieu entre 1958 et 1963, qui témoignent d'un changement d'échelle auquel répondent de nouvelles méthodes d'organisation. Le jazz ne quittera plus l'affiche. Guy, un habitué, s'en souvient : « Dans les années cinquante, j'allais à Pleyel ou à l'Olympia. C'étaient des concerts assis à l'époque et ils affichaient complet, toujours. Pendant les concerts de jazz, il y avait une ambiance incroyable, le public applaudissait à tout rompre après chaque solo, mais quand j'y suis allé, on n'a jamais cassé les fauteuils ! La programmation de l'Olympia était sensationnelle : j'ai vu Armstrong, Hampton, Bechet et tant d'autres… J'avais un ancien copain de lycée, André Réwéliotty, qui avait son orchestre, et a accompagné Bechet, pour rien au monde je n'aurais manqué ça. »

Programme du concert de Charles Aznavour, 1957.

La façade de l'Olympia annonçant le concert de Charles Aznavour en 1967, avec Pia Colombo en vedette américaine.

OLYMPIA
THEATRE JACQUES HAIK
VICHY-ETAT
BRUNO COQUATRIX PRESENTE
PIA COLOMBO
EVTIKHOVA ET FATEEV TCHENG DER OSAI
BEA TRISTAN
ARMANO MIGIANI CHRISTIAN GAUBERT HENRI BYRS
HINES HINES AND DAD
JEAN MARIE-PROSLIER ADA LONATI
CHARLES AZNAVOUR
Canadian Pacific
SAS

Le 19 octobre 1955, Sidney Bechet reçoit son « disque d'or » à l'Olympia. C'est la première fois qu'un musicien de jazz remporte cette distinction. Pour l'occasion, l'artiste souhaite inviter gracieusement « son » public parisien. Une foule innombrable s'est déplacée et des milliers de fans cherchent à pénétrer dans la salle, remplie jusqu'aux escaliers. Gros bazar mémorable.

Pour le millionième disque de Sidney Bechet

2.000 fanatiques du jazz refoulés de l'Olympia, se battent avec le service d'ordre

Dans la salle, 3.000 vandales brisent les fauteuils et arrachent les tableaux

DIX BLESSÉS, DEUX MILLIONS DE DÉGATS

SIDNEY BECHET, le roi du jazz, donnait une soirée gratuite hier soir à l'Olympia, pour marquer la sortie de son millionième disque. Cinq mille jeunes gens, des moins de vingt ans pour la plupart, vêtus de duffel-coats, de blue-jeans et de pulls bariolés avec ou sans col roulé, prirent le music-hall de Bruno Coquatrix d'assaut, provoquant de graves incidents et occasionnant des dégâts évalués à deux millions.

Dix blessés ont été transportés et soignés à l'hôpital Bichat. Deux d'entre eux, sérieusement atteints, ont été hospitalisé

Pendant la bag… des deux magasi… agence de voyage… levard des Capuci…

vants, qu'éclatèrent les incidents les plus violents. L'Olympia contient 1 8… places. On pense que 3.000 per-

Ce soir, Brassens

La soirée Bechet était un gala exceptionnel donné le jour de relâche de l'Olympia. Ce soir, le programme de music-hall, avec Georges Brassens en vedette, reprendra. Les réparations de première urgence seront faites dans la journée.

de Claude Luter remportèrent un triomphe extraordinaire. Six mille mains battaient en cadence et les soli ramenaient le silence.

« Formez le monôme »

A l'extérieur, le service d'ordre, ren-

Les ble…

Les deux bless…

La soirée était gratuite et les admirateurs enthousiastes de SIDNEY BÉCHET saccagent la salle de l'Olympia de Paris

Pour la sortie de son millionième disque, Sidney Bechet le célèbre joueur de saxophone avait eu la dangereuse idée de donner un concert unique et gratuit à l'Olympia de Paris.

5.000 « fans » s'étaient rués à l'assaut de 2.800 places. La grande vitrine de la Trans-Canada voisine de l'Olympia, tomba en premier, puis celle d'un autre magasin. La marchande de hot-dogs assise dans sa guérite s'éleva en hélicoptère ! Et lorsqu'arrivèrent d'importants renforts de police suivis d'ambulances, le désastre était consommé…

Dans la salle, où les agents, à l'entr'acte, avaient dû occuper le plateau devant le rideau de fer baissé, le désordre était sud-américain : à terre, des chaussures, vestons déchirés, parapluies cassés, morceaux de faux-col, et beaucoup de bois. Au balcon, les jeunes spectateurs avaient hissé un gros réfrigérateur.

Lorsqu'on remit le disque d'or à Sidney Bechet, un vol d'objets divers obscurcit la salle, et 3.000 voix évoquèrent la ruée des Sioux dans les déserts sauvages.

Les jeunes gens qui, à la sortie emportaient des morceaux de fauteuils souvenirs, furent appréhendés. Deux blessés graves sont à l'Hôpital Saint-Louis.

Le lendemain on estimait les dégâts à 3 millions de francs…

200 FAUTEUILS CASSÉS A L'OLYMPIA

Les nouveau-venus au jazz reçoivent un choc sur la tête en écoutant un orchestre style Nouvelle-Orléans

assurent les spécialistes de la musique <hot> pour excuser les égarements des néophytes

« AVEC moi, le jazz est entré à l'Académie française », disait récemment Jean Cocteau à l'occasion de la remise d'un prix à un musicien noir. Jean Cocteau, …it une musique que d'aucuns, …barbare », est resté fidèle à sa …ur d'une autre académie : celle

200 FAUTEUILS CASSÉS A L'OLYMPIA

Les nouveau-venus au jazz reçoivent un choc sur la tête en écoutant un orchestre style Nouvelle-Orléans

C'était gratuit… !

2 millions de dégâts :

les 5.000 "fans" de Sydney Béchet ont saccagé l'Olympia

VERITABLE antiproton musical, le redoutable et talentueux Sidney Bechet a provoqué hier à l'Olympia la plus belle émeute … sortie d… que, l… saxoph… pour le… dangeu… un con…

5.000 … l'assaut … vitrine … sine de … mier, pu… sin. La … assise …

HIER SOIR A L'OLYMPIA

10 blessés 2 millions de dégâts

5.000 fanatiques de Sidney Bechet voulaient assister au spectacle, la salle n'en contenant que 2.000

LA MUSIQUE N'ADOUCIT PAS LES MŒURS…

5000 fanatiques du jazz prennent d'assaut une salle de spectacle

10 BLESSES, 2 MILLIONS DE DEGATS

Paris. — On dit que la musique adoucit les mœurs. Ça n'était pas le cas mercredi soir à la porte de l'Olympia ou pour la sortie de son …

de sandwiches fut littéralement éjecté de sa guérite et son matériel piétiné.

Et lorsque arrivèrent enfin d'impo…

OIR OU...
CASSA
YMPIA

disques vogue
VOGUE INTERNATIONAL INDUSTRIES

COLLECTION LOISIRS

A VOGUE A SCOPE PROCESS
STEREO UNIVERSELLE

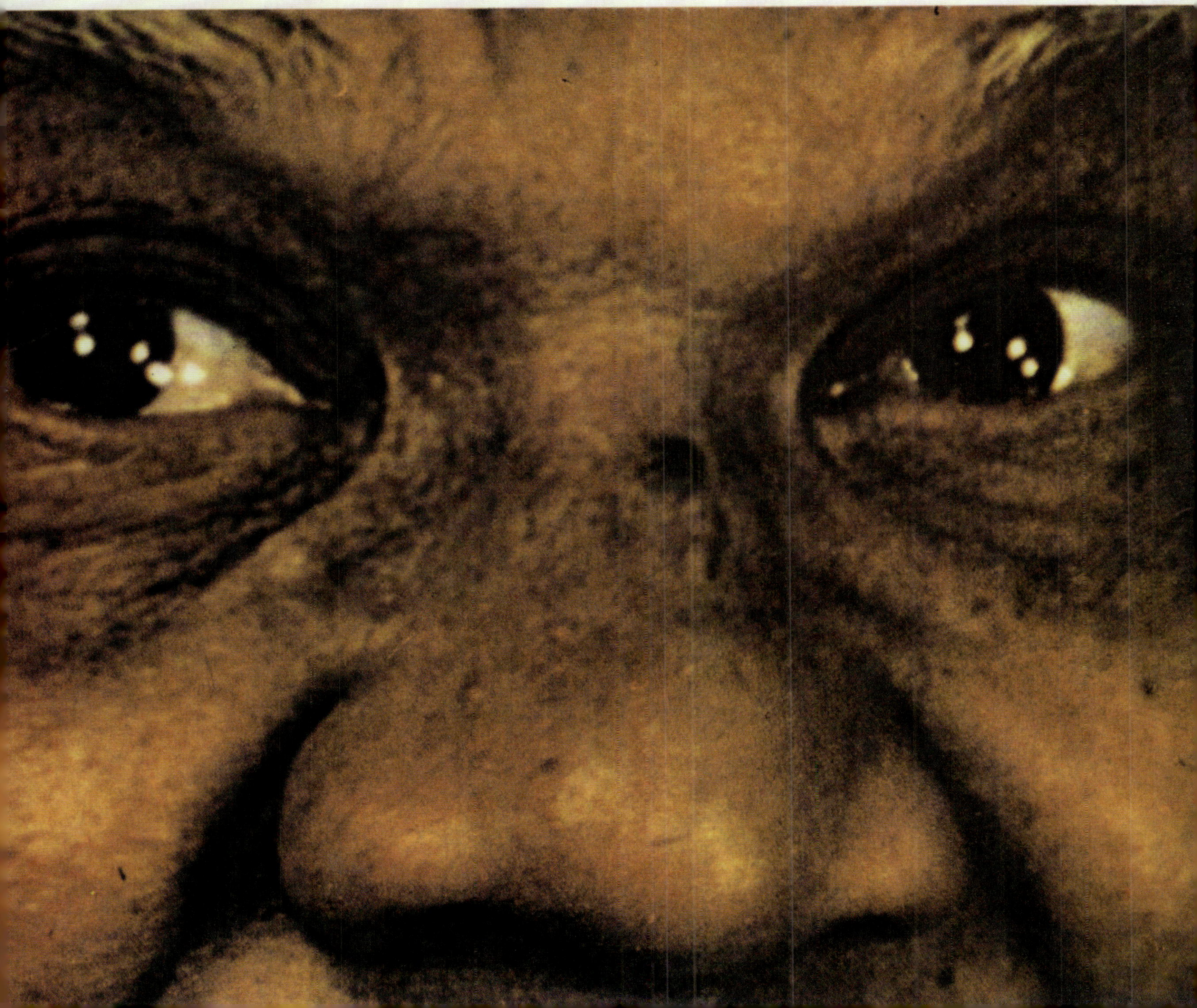

1973, me voilà balancé tête d'affiche, roi du rouge. Je fais 15 fois le tour du pâté de maisons en taxi pour être bien certain qu'il s'agit de mon nom écrit sur le fronton.

SERGE LAMA

Je me revois devant cette façade où le rouge triomphait. On est en 1954, j'ai 11 ans. Il y a, en première partie de Lucienne Delyle, un sautillant jeune homme nerveux et racé, nommé Gilbert Bécaud. J'étais là, fasciné, ébloui ! C'est là que ma vocation a définitivement dit oui au hasard d'une carrière. Puis en 1967, une Nana Mouskouri morte de trac, traînée comme la chèvre de M. Seguin, derrière le rideau de tous les triomphes ou de tous les échecs, par un Bruno Coquatrix bourru. Le trac de Nana, je ne l'oublierai jamais. Je vénérais déjà cette dame, je chantais cinq chansons en première partie de son spectacle. Puis, bien sûr, 1973, me voilà balancé tête d'affiche, roi du rouge. Je fais 15 fois le tour du pâté de maisons en taxi pour être bien certain qu'il s'agit de mon nom écrit sur le fronton. Eh bien oui, c'est bien ma pomme, le fruit était mûr, et je n'ai plus cessé depuis d'affronter cette salle à la fois redoutée et mythique, avec une émotion intacte et une détermination sans faille. Je baise pieusement le pan de son rideau...

77. Serge Lama, 1973.

Fans survoltés au concert des Beatles, le 17 janvier 1964.

L'agitation créatrice au service des grandes causes

La jeunesse est avide de découvertes et se reconnaît dans les tubes d'une nouvelle génération tonitruante et chaleureuse. La veine plus traditionnelle des chansons à message est toujours portée par le trio Brel-Brassens-Ferré. Barbara, avec sa sensibilité à fleur de peau, fascine autant qu'elle enchante son public. Les années 1968 ont bien évidemment des répercussions dans l'univers musical. La scène jette une lumière crue sur l'époque, se partage entre des chansons engagées, voire « révolutionnaires », au service des grandes causes, des classes ouvrières, de la guerre du Vietnam ou des droits civiques. Tout se passe désormais dans les usines avec une insolente détermination militante. Les auteurs-compositeurs-interprètes chantent la révolte et l'amour, les rêves et l'utopie, thèmes annonciateurs des mouvements sociaux et politiques qui vont secouer le monde. Les plus jeunes artistes déclenchent l'hystérie chez leurs fans, qui n'épargneront ni la salle, ni les fauteuils de l'Olympia, mais c'est

Les Beatles, le 17 janvier 1964. Premier concert en France du groupe. Les Beatles subirent ce jour-là trois pannes de courant (l'enregistrement du concert par Europe n° 1 ayant provoqué une surcharge électrique qui fit sauter la sono de la salle et les amplificateurs du groupe). Qu'importe, la « Beatlemania » est née.

Vient de paraître
l'enregistrement en direct
à l'Olympia
d'un 33 Tours 25 cm

JACQUES BREL
OLYMPIA 64

33 T 25 cm S BARCLAY 80 243

JACQUES Brel

LES BOURGEOIS
LES PAUMES DU PETIT MATIN
LE PLAT PAYS
ZANGRA
UNE ILE
MADELEINE
BRUXELLES
CHANSONS SANS PAROLES
LES BICHES
CASSE-POMPON
LA STATUE
ROSA

33 Tours 30 cm S BARCLAY 80173

LES BOURGEOIS
LES PAUMES DU PETIT MATIN
LE PLAT PAYS
MADELEINE
BRUXELLES
CHANSONS SANS PAROLES
CASSE-POMPON
ROSA

33 Tours 25 cm S BARCLAY 80175

LES BIGOTES
LES VIEUX
LES FENETRES
LES TOROS
LA FANETTE
J'AIMAIS
LES FILLES ET LES CHIENS
LA PARLOTE

33 Tours 25 cm S BARCLAY 80186

MATHILDE
TANGO FUNEBRE
LES BERGERS
TITINE
JEF
LES BONBONS
LE DERNIER REPAS
AU SUIVANT

MADELEINE
ZANGRA
LES PAUMÉS DU PETIT MATIN
ROSA

45 Tours EP M BARCLAY 70452

LES BOURGEOIS
LA STATUE
BRUXELLES
UNE ILE

45 Tours EP M BARCLAY 70453

LE PLAT PAYS
CASSE POMPON
LES BICHES

45 Tours EP M BARCLAY 70475

LES BIGOTES
LA PARLOTE
LES FILLES ET LES CHIENS
QUAND MAMAN REVIENDRA

45 Tours EP M BARCLAY 70491

LES TOROS
LES VIEUX
LA FANETTE
LES FENÊTRES

45 Tours EP M BARCLAY 70556

MATHILDE
TANGO FUNÈBRE
TITINE
LES BERGERS

45 Tours EP M BARCLAY 70635

LES BONBONS
JEF
AU SUIVANT
LE DERNIER REPAS

Barclay

ainsi que s'écrit le récit d'un lieu !
Les « idoles des jeunes » ravissent le public, sous le charme devant tant de provocations, libéré des conventions, revendiquant des idées et du style, en quête d'indépendance. Entre lyrisme et violence, la société évolue plus vite que ses représentants, et la jeunesse, idéaliste, ne se retrouve plus dans les valeurs jugées archaïques de ses aînés. L'Olympia va connaître une période difficile.
Pourtant, en janvier 1970, le festival de l'Olympia marque l'entrée de la *pop* en France. Bruno Coquatrix s'adapte à la demande, rebondit sur les tendances du moment et lance de nouveaux talents, mais en s'appuyant sur de grands noms. Hervé Maroteau, spectateur fidèle de la salle, raconte « son » Olympia dans ces années-là : « Je viens à l'Olympia depuis l'âge de 10 ans. J'y suis retourné en 1971, pour la rentrée d'Aznavour, c'était formidable. À l'intérieur de la salle, c'était encore très simple, et même si des travaux avaient été faits, ce n'était pas très confortable, mais quel endroit ! Les ouvreuses, on les appelait à l'époque les AVS, "à votre service". Le dimanche, il y avait jusqu'à trois spectacles ! »

Le dos du programme de Jacques Brel, annonçant la parution d'un album enregistré en public dans la salle en 1964.

Le fameux concert de Led Zeppelin qui électrisa l'Olympia le 10 octobre 1969.

L'Olympia raconte depuis lors ce cosmopolitisme musical

La Rumeur, le 8 novembre 2012.

Les différentes époques n'ont pas altéré l'esprit du lieu : amalgame des styles, rythmes et sonorités, partage et transmission... l'Olympia a suivi l'évolution des goûts et des propositions, de la chanson française aux orchestres du bout du monde, tout en respectant les modes et les traditions. Cette belle épopée a enrichi les soirées parisiennes. Avec un accueil qui le différencie des autres, une dynamique singulière et des choix éclectiques, une formule de spectacle novatrice, l'Olympia a bouleversé l'art de la scène pour devenir une salle populaire et incontournable, supplantant la concurrence et accélérant les tendances et la découverte de nouveaux talents. La musique est jouée avec passion, avec la complicité et l'accord du public, très proche des artistes grâce à une architecture audacieuse. Et celui-ci sacre aussi bien des vedettes que de jeunes et fougueux interprètes, qui donnent tous le meilleur à leurs auditeurs. Les spectateurs vénèrent les maîtres plus anciens, précurseurs d'une époque plus reculée mais porteurs d'un savoir-faire artistique leur permettant de libérer tout leur potentiel émotionnel et technique, pour leur plus grande joie.

NINA SIMONE. Affiche du concert du 30 septembre 1969.

CLAUDIO CAPÉO

L'Olympia offre des sensations singulières, un sentiment de réussite. Après de nombreuses années à parcourir les bars et les petites salles, nous avons enfin pu poser nos instruments sur ces planches tant attendues. Découvrir son nom en lettres rouges sur la façade, entendre, sentir la présence d'une salle pleine de sourires, est un moment très particulier et si satisfaisant, d'autant plus à l'Olympia. Il a régné, tout au long de cette magnifique soirée, une ambiance très chaleureuse et les murs, l'odeur, l'histoire de cette salle mythique y sont pour beaucoup. Il y a des rêves que l'on vit une fois puis on passe au suivant. Et il y a les rêves que l'on vit et que l'on veut revivre. L'Olympia fait partie de ceux-là.

Claudio Capéo chante pour « Leurs voix pour l'espoir », le 12 octobre 2017.

Sentir la présence d'une salle pleine de sourires est un moment très particulier et si satisfaisant.

Jacques Higelin, le 23 juillet 1973.

 Juliette Gréco le 6 juin 1966.

ALAIN LAHANA, PRODUCTEUR

Le Rat des villes

« J'ai dû organiser près de 300 concerts à l'Olympia ! Et j'ai eu le record du nombre de sièges détruits, avec Public Image, en 1983. On craignait " un peu " les dégâts et, depuis la mezzanine, avec Christian Chassaing et Jean-Michel Boris, on regardait le public quitter la salle. À part le premier rang, tout était par terre ! Je revois Marcel, l'ancien régisseur, totalement dingue. C'était mouvementé cette époque ! J'ai eu quelques beaux destroy *à mon actif.*

Et j'ai eu le record du nombre de sièges détruits.

Je me souviens des concerts de Sade, en 1983 également, sa première vraie scène en France, un événement énorme.

J'ai pas mal pratiqué l'Olympia " historique ", avant sa destruction. Mes souvenirs de ce moment-là sont liés à Paul Personne, qui a assuré les dernières scènes juste avant les travaux. À la fin du concert, on pouvait emporter ce que l'on voulait ; c'est comme ça que j'ai récupéré des fauteuils rouges pour mon bureau et un tabouret du bar de Marilyn, qui se trouve chez moi.

J'ai dû organiser près de 300 concerts à l'Olympia !

Je me souviens des prix Constantin, qui réunissaient l'ensemble des syndicats impliqués dans l'industrie musicale et des partenariats. C'était une idée d'Emmanuel de Buretel. Ça a duré dix ans, de 2002 à 2012, dont sept à l'Olympia. Arnaud Delbarre dirigeait la salle. Je l'avais connu comme bassiste au milieu des années 1970. Et Jean-Michel Boris était un peu mon parrain dans le métier. Nous avions des relations directes, faciles, humaines. Nous avons pu mettre en avant nombre d'artistes, qui sont devenus depuis des talents reconnus.

DAVID BOWIE, le 1er juillet 2002.

Je me souviens des « séries » : on ajoutait des concerts au fur et à mesure, selon la réception du public. Pour Stephan Eicher, l'explosion de son succès aurait permis de viser d'autres salles, avec des capacités bien plus importantes, mais on ne voulait pas, on a privilégié cette proximité, cette intimité avec le public. À l'Olympia, quelle que soit la place, le public voit bien et est bien installé. Ce sont des éléments déterminants, qui font que, très vite, la salle devient notre maison à tous. On y a nos habitudes. Les artistes aussi, et qu'ils soient Patti Smith ou David Bowie, ils voulaient être sur la scène qui avait accueilli Piaf, Brel, les Beatles et tant d'autres, et pas ailleurs…

ils voulaient être sur la scène qui avait accueilli Piaf, Brel, les Beatles et tant d'autres, et pas ailleurs…

■

Je me souviens du passage de David Bowie, en 2002, avec une commercialisation exclusive au guichet de l'Olympia, le jour du concert. Les gens venaient avec leur sac de couchage, la queue allait jusqu'à l'Opéra, c'était impressionnant. À l'ouverture de la grille à 9 heures du matin, 1 000 personnes se sont engouffrées dans le hall. Ça ajoutait quelque chose de mythique à la soirée qui s'annonçait. J'avais mis Raphaël en première partie. Il venait de sortir son premier album, il avait un méga trac, alors je l'ai propulsé sur la scène pour ouvrir le concert de Bowie. J'ai raconté à David combien Raphaël adorait sa musique et depuis longtemps. Bowie, en peignoir et en claquettes, est allé frapper à sa loge pour lui dire qu'il aimait beaucoup ce qu'il faisait. C'était surréaliste ! Raphaël était médusé, intimidé, quel souvenir !

Quand l'Olympia était fermée, que tout le monde était parti se coucher, je me souviens qu'il restait Marilyn au bar, ce lieu mythique en backstage. *Incontournable Marilyn, qui a entendu, accueilli, toute l'histoire de la chanson française et d'ailleurs.*

Qu'ils soient Patti Smith ou David Bowie,

RAPHAËL lors du prix Constantin en octobre 2011.

Barbara Hendricks, le 22 mai 1995.

93. Sylvie Vartan en répétition avant son concert en septembre 1972.

Affiche culte, placardée dans les rues de Paris, annonçant la série de concerts de Michel Polnareff, du 6 au 22 octobre 1972. L'artiste, déguisé en mariée et fesses à l'air, sera convoqué par la police judiciaire et condamné par le tribunal correctionnel à 60 000 francs d'amende pour attentat à la pudeur.

Brigitte Fontaine, le 3 mai 1996.

Chaque décennie a ses modes, qui rencontrent la ferveur d'un public quasi planétaire. Même si c'est éphémère. Les acteurs de ces mouvements sont à l'affût afin d'en saisir l'énergie. L'Olympia décloisonne les genres musicaux pour répondre à la demande. La liberté de ton cultivée dans la maison bâtit définitivement sa réputation.

Formidable tribune pour un public inspiré, amateur d'émotions et de sons, elle est portée par l'enthousiasme des fans, friands des excès scéniques des artistes. Aujourd'hui, ils entretiennent savamment leur communication sur les réseaux sociaux, admirateurs de leurs « performances théâtrales » entre érudition et culture underground. Margot témoigne : « Pour moi qui viens souvent, la qualité du son associée à la proximité de la scène, c'est très agréable. Ici, on est vraiment près des musiciens, parfois j'en ai des frissons tellement les émotions sont fortes. Quand on est vraiment près de la scène, on voit toutes les expressions sur le visage de l'artiste. Et c'est une salle vraiment chaleureuse, j'aime bien l'énergie de groupe qui se degage quand on est dans la fosse. On savoure tous l'ambiance. On témoigne ensuite sur les réseaux sociaux, j'aime bien comparer ce que j'ai ressenti avec les remarques des autres spectateurs. »

Double page suivante : Les Rolling Stones, le 11 juillet 2003.
Yungblud, le 5 mai 2022.

A L'OLYMP
DU 6 AU 22 OCTOBR
RETRANSMISSION EN DIRECT LE 10
EUROPE 1
POLNAREVOLUTION
MICHEL POLNAREFF A L'OLYMPIA
A PARTIR DU 6 OCTOBRE
GEORGES LIBAULT
78 ILE de CHATOU
SEPTEMBRE
OCTOBRE 1972
PARKING ASSURÉ · S.N.C.A.O. TÉL: 770 88 78
IS-47710 SONOPRESSE
LÉO KOUPER

95.

BERNARD LAVILLIERS

J'avais une affection particulière pour l'Olympia « d'avant », avec ses vieilles loges pourries et sa scène entravée par deux pylônes qui soutenaient le toit. L'Olympia de Coquatrix avec son côté Broadway n'était pas prévu pour le type de concert que je proposais, mais j'ai toujours aimé ce lieu et encore aujourd'hui, je préfère me produire à l'Olympia plusieurs fois plutôt que dans une grande, immense salle avec caméra et écran géant. Par respect et par honnêteté vis-à-vis du public. Au mitan des années 1990, j'ai soutenu, avec Jack Lang, la mobilisation contre sa disparition et pour la reconstruction de la salle. Tout a été refait et conçu pour être pratique, accueillant, facile, confortable. Le son y est fabuleux, tout comme la lumière , si spécifique du music-hall et unique à l'Olympia, qui reste ma salle favorite.

Tout le monde est passé là : James Brown, les Beatles, Jimi Hendrix, Gilbert Bécaud et tant d'autres. C'est une salle qui a su écrire son histoire. On devait se produire sur cette scène légendaire. C'était un vrai challenge que Coquatrix savait transformer en un rendez-vous chaleureux. Je reviens toujours avec plaisir, pour mon propre plaisir, d'autant plus que je sais que le public, mon public, qui aime la musique, qui aime les textes, adore venir à l'Olympia.

Bernard Lavilliers,
octobre 2022.

On devait se produire sur cette scène légendaire. C'était un vrai challenge que Coquatrix savait transformer en un rendez-vous chaleureux.

Hervé, le 25 octobre 2021.

Page de droite : Pendant le concert de Tiakola, le 12 mars 2023.

Aujourd'hui, une très jeune génération non plus « branchée » mais « connectée » investit les lieux dans une atmosphère franchement décontractée et bon enfant. Noé, Élias, Léo : « Nous, on vient une fois par mois, environ. On aime bien venir ici parce que la salle est mythique. On ne connaît pas trop son histoire, mais on sait qu'il s'y est passé beaucoup de choses. » Gabriel, Ruben et Lucas : « On préfère être en bas, pour être plus près de la scène, avec le sol qui tremble. On préfère les petites salles, parce qu'on est proches des artistes. Tous les concerts auxquels on a assisté, c'est avec le Pass culture, on a dépensé la totalité en concerts, alors on est venus ici assez souvent, sinon, on va dans les festivals. » Assis — ou endormis — sur le trottoir « aménagé » à cet effet, les fans attendent l'arrivée de leurs idoles et s'échangent adresses mail et souvenirs sur Instagram. La puissance symbolique de la salle est intacte, mais les attentes sont différentes. Il convient de partager des selfies, de témoigner de l'ambiance du moment en direct sur les réseaux sociaux. On peut assister à distance et néanmoins « en live » à la magie de soirées légendaires. Et, cerise sur le gâteau, l'Olympia a su préserver et magnifier le son de la salle. Ce son si cher aux artistes, qui permet à la musique de toucher le public avec une perfection rare, quel que soit l'endroit où l'on se trouve.

Double page suivante : Pendant le concert de Colours in the street, première partie de KYO, le 30 septembre 2022.

« Björk a atomisé l'Olympia » titrait *Le Parisien* le lendemain de son passage le 25 juin 2008.

L'Olympia suit depuis toujours toutes ces évolutions, les accompagne, les devance parfois, étudie le goût du public, observe les changements, conjugue talents émergents et « valeurs sûres ». Aline, Ondine et Jule : « La fosse en pente, c'est agréable, on ne se sent pas oppressés. Quand les artistes sont confirmés, ils aiment bien passer à l'Olympia, alors on suit, on se retrouve en bande ici. La jauge est bien, la salle est bien conçue. »

L'Olympia est une pourvoyeuse d'idées, un laboratoire d'expérimentations, un atelier accessible d'innovations créatrices, avec ses espaces de liberté insoupçonnés et ses nuits toujours un peu plus décalées. L'heure est à l'échange, l'immédiateté. La vitalité de la musique et le passage à l'ère numérique ouvrent des voies, modifient les habitudes d'écoute et de « consommation » des sons. Sensible aux courants qui écrivent l'histoire, l'Olympia modèle le monde festif futur d'une communauté à l'unisson, volontiers instagrameuse, par des programmations articulées autour de noms prestigieux et de jeunes talents en devenir, et avec pour objectif de rassembler ce qui a été, ce qui est et ce qui sera, et de manière universelle.

Troy Andrews « Trombone Shorty », le 22 mars 2019.

Si l'on doit évoquer l'Olympia, c'est assurément l'enthousiasme de notre public qui nous vient immédiatement à l'esprit.

KYO, le 30 septembre 2022.

KYO

Si l'on doit évoquer l'Olympia, c'est assurément l'enthousiasme de notre public qui nous vient immédiatement à l'esprit. La proximité de la scène avec les spectateurs est unique dans cette salle, et la circulation des énergies est palpable. Certains de nos fans n'hésitent pas à partager leur expérience sur les réseaux sociaux, et quel plaisir de lire ces retours ! Alors nous leur laissons le soin de témoigner pour nous…

Caroline : « Samedi 15 novembre 2003, j'arrive sur place, les trois grandes lettres rouges "KYO" s'affichent sous mes yeux, sur la façade de l'Olympia, je souris, ravie de voir mon groupe préféré mis à l'honneur.
Les lumières s'éteignent pour faire place à un bruit sourd, mélange de cris et d'applaudissements. Le concert démarre, c'est l'euphorie. Comme beaucoup, je connais l'album par cœur et toutes les chansons sont reprises par le public. On sent que le groupe a plaisir à être ici et à partager ce moment avec nous. »
Estelle se souvient : « Février 2004. J'ai 15 ans, ça sera mon premier concert de KYO dans cette salle mythique de l'Olympia. Je sais déjà que je vais vivre une soirée qui restera un des souvenirs live les plus importants de ma vie. Je me rappelle encore cette joie d'être témoin de ce moment-là. Je me souviens d'un public complètement déchaîné. Le concert terminé, je sais déjà que ce ne sera pas le dernier. »
Émilie : « Déjà 20 ans que je suis le groupe KYO. Nous sommes le 30 septembre 2022 et c'est la deuxième fois que je les vois sur la scène de l'Olympia. Ces trois lettres se parant de rouge sur ce mur si mythique, je les immortalise une fois encore. J'aime à penser qu'ils sont ici chez eux .
Les titres s'enchaînent, le temps défile. Le public adore, fait monter d'un cran encore le niveau sonore de l'Olympia. Je me retourne et vois tous ces bras en l'air. L'effet est saisissant ! Les garçons, eux, semblent totalement électrisés par toute cette énergie. Chaque date à l'Olympia reste magique. Je sais que je serai encore au rendez-vous à la prochaine. »

L'Olympia, pour nous, c'est avant tout ça : des moments de partage, de communion avec notre public et beaucoup, beaucoup de plaisir.

Bruno, Paulette, Patricia et Jean-Michel

Engagement et empathie : assurément, Bruno Coquatrix était un homme hors du commun. Musicien, chef d'orchestre, imprésario, surnommé « Monsieur music-hall », il était avant-guerre un chef d'orchestre renommé. Né à Ronchin (dans le Nord) le 4 août 1910, il fait ses études au lycée Pasteur, sa mère s'étant installée comme mercière à Neuilly. Il apprend le saxophone et le piano. Admirateur inconditionnel du jazz naissant, il monte un petit orchestre d'étudiants, concurrent des « Collégiens » de Janson-de-Sailly. Il est fermement décidé à devenir musicien et assure plusieurs années de suite les saisons estivales au Touquet-Paris-Plage avec son orchestre comprenant des vedettes du moment. Il composera des succès comme *Mon cher vieux camarade Richard*, chanté par Jacques Pills, *Clopin-Clopant*, avec Pierre Dudan, *Cheveux dans le vent*, *Dans un coin de mon pays*, etc. Devenu imprésario, il abandonne définitivement la musique, travaille avec Lucienne Boyer et Lyne Clevers, avant de lancer l'Olympia music-hall le 6 février 1954. Il n'en oubliera pas pour autant sa passion pour le jazz, et l'Olympia deviendra le rendez-vous incontournable de cette musique envoûtante, dansante et accessible à tous. La salle sera fréquentée durant de nombreuses années par un public d'amateurs venu applaudir les formations invitées par le maître des lieux, courtois, affable et bienveillant. Ce fumeur de cigare séduisant, élégant, au regard pétillant et à la fine moustache, est un dénicheur de talents hors pair. La chanson est la grande affaire de sa vie. Aucun des métiers du spectacle n'a de secrets pour lui : administrateur, chef de plateau, régisseur, chef d'orchestre, auteur-compositeur, auteur de livrets, compositeur de musiques de films, producteur… Son sens de l'organisation, son intuition de génie et son insouciance feinte pour l'avenir ou les finances de la maison font le reste : Bruno Coquatrix, charismatique et solaire, devient le seigneur incontesté du music-hall. Toute la profession se presse aux soirées hallucinantes du boulevard des Capucines, durant lesquelles il accueille, confirme ou révèle de nombreux artistes. Sa maison, c'est l'Olympia, qui, selon lui, correspond alors à un besoin dans Paris, même s'il est le seul à y croire : « Un music-hall avec beaucoup de places et dans lequel, par conséquent, on pouvait pratiquer des prix populaires. » Loin de se cantonner au cadre scénographique officiel, il œuvre pour le plaisir, l'émerveillement, et dynamise un secteur dont il sent qu'il va pouvoir changer les pratiques. Il s'approprie ce délicat écrin où les frontières temporelles se brouillent, où l'amour de la musique et de la scène en général, entre rires et chansons, encourage les spectateurs à apostropher les artistes qui s'y produisent.

Entre fantasme, ambition et réalité, sa réussite et son influence dans le milieu, tant en France qu'à l'étranger, sont indéniables, même s'il s'est retrouvé, depuis le début, et comme il le disait lui-même, « dans les pires ennuis, jusqu'au bout ». L'Olympia devient sous sa houlette un lieu de mémoire de la ville et l'un des piliers de son atmosphère. Jusqu'au décès de Coquatrix, le 1er avril 1979, c'est

Jean-Michel Boris entouré de Paulette (à gauche) et Patricia (à droite) Coquatrix.

Portrait de Bruno Coquatrix, immuable présentation des concerts du jour…

l'OLYMPIA
PRESTIGE DU MUSIC-HALL !

Président Directeur Général
BRUNO COQUATRIX

Directeur
JEAN-MICHEL BORIS

Secrétaire Général
PATRICIA COQUATRIX

Représentations tous les soirs à 21 heures

LOCATION :
28, boulevard des Capucines Métro Opéra-Madeleine
Tous les jours, de 11 à 19 heures

par téléphone :
Service spécial Olympia-Service RIC. 25-49

BRUNO COQUATRIX

présente...

un modèle du genre, sans véritable concurrence, tant son fonctionnement est particulier, avec une programmation faisant office de manifeste, veillant à ce que tous les courants y soient représentés et traités à égalité. Lieu de divertissement, acteur de la patrimonialisation culturelle, référence en termes de mixité musicale et de transmission, l'Olympia est une salle hors normes. Bruno Coquatrix et sa femme, Paulette, ont su capter l'universel. Le couple infatigable possède un sens stratégique extraordinaire, un art inné de rassembler par amour de la musique, du chant, du rire, de l'humour, de l'émotion, le temps d'une soirée. Désormais, on ne vient plus à l'Olympia mais chez les Coquatrix. Les artistes aiment y jouer… et s'y montrer !

Paulette, ancienne costumière et styliste de mode, sa fille Patricia et son neveu Jean-Michel Boris prirent ensuite la relève. Bruno Coquatrix les voulait à ses côtés. Sa famille, c'était son clan. Chacun trouvait sa place, dans les coulisses, avec la presse ou dans la salle. Jean-Michel Boris a rejoint le trio familial à la demande de son oncle, alors qu'il se destinait à une carrière médicale. Comme lui, il a pu goûter à tous les métiers et cette formation lui fut précieuse lorsqu'il reprit les rênes de la maison. En 1959, il devient d'abord directeur artistique de l'Olympia, jusqu'en 1970, année où il est nommé codirecteur, poste qu'il occupe jusqu'en 1979. Il raconte, dès qu'on lui en fait la demande, avec sa faconde si personnelle, les souvenirs nébuleux de cette époque.
À la mort de Bruno Coquatrix, le « clan » a donc très naturellement poursuivi la mission de façon identique, continuant dans la même direction artistique, portant les saltimbanques les plus jeunes et accueillant avec bonheur et simplicité les artistes les plus confirmés. La justesse de leurs choix musicaux et la force de leurs trois caractères réunis permettent de perpétuer les « traditions » de l'Olympia contre vents et marées. Les artistes fidèles à la maison n'hésitent pas à mouiller la chemise pour le clan si besoin.
Jean-Michel Boris, dont le talent n'est plus à démontrer, prend finalement la direction de l'établissement en 1979 et embrasse avec ferveur cette nouvelle page de sa carrière, transformant sa tâche immense en art de vivre. « Je les revois en coulisses, ardents débutants ou artistes déjà reconnus, tous pris de trac au point qu'il fallait en pousser certains sur scène. J'entends le silence dans la salle, les vagues successives de musique qui la submergent. Plaisir, émotion, passion. Et quand le rideau tombe, que le public se lève, que l'artiste vient saluer, je sais que je fais le plus beau métier du monde dans le plus beau music-hall du monde. »
Icône discrète mais indissociable du lieu, unanimement reconnu dans la profession, figure tutélaire et lumineuse de la scène parisienne, il y restera jusqu'en 2001. Quarante-sept ans dans son antre des Capucines ! Si éloquent pour parler des autres et si parcimonieux sur lui-même, il ne s'est guère livré mais a toujours, par fidélité, jusqu'à son décès en novembre 2020, entretenu l'image et la mémoire de Bruno Coquatrix, son mentor, qui a cru en lui.
C'est Arnaud Delbarre qui reprend le flambeau en 2002, après la vente du site à Vivendi. Et puis, l'histoire a continué et aujourd'hui, la maison est entre les mains de Laurent de Cerner.

Bruno Coquatrix enlace tendrement Édith Piaf à la fin de son concert le 30 décembre 1960.

Renaud, le 9 décembre 1996.

113. Étienne Daho, le 14 décembre 1992. L'artiste a chanté pour la première fois à Paris dans cette salle, remplie de spectateurs qui connaissaient toutes ses chansons, alors le trac fut bien vite oublié.

Je reviens toujours au bercail, et à chaque fois, j'ai un petit frisson. L'Olympia et moi, c'est une (très) longue histoire d'amour.

Véronique Sanson, le 1er février 1976.

Double page suivante : Guy Bedos, le 23 décembre 2013.

115.

VÉRONIQUE SANSON

Il y a des mots magiques, comme des petites madeleines, qui font surgir dans votre imaginaire mille souvenirs aussi précis que précieux. Pour moi, l'Olympia, c'est un de ces mots-là. Cette salle, je la connais par cœur, c'est un peu ma salle fétiche. Mon premier concert en France, c'était là — j'avais bien chanté quelques titres au restaurant de la tour Eiffel devant des Américains et des Japonais qui n'étaient intéressés que par leur assiette, mais on ne peut pas appeler ça un concert. C'était début 1974, et je me souviens encore de Bruno Coquatrix me demandant pourquoi j'avais besoin de tous ces camions remplis de matériel de son et d'éclairage. Il me disait qu'Édith Piaf, elle, venait avec sa poursuite (un projecteur qui éclaire l'artiste en le suivant), un point c'est tout. Et puis il a vu le show et il m'a proposé de revenir à la fin de l'année. Depuis, j'ai donné 151 concerts dans cette salle. J'en ai aussi donné beaucoup d'autres ailleurs, mais je reviens toujours au bercail, invariablement, et à chaque fois, j'ai un petit frisson. L'Olympia et moi, c'est une (très) longue histoire d'amour, en fait.

3

PROGRAMMER, UN ART DU DÉTAIL

Nikon
Nikon

« POUR GAGNER, IL FALLAIT CONNAÎTRE PARFAITEMENT SON PUBLIC, AVOIR LE PIF, TENTER DES COUPS. SAVOIR QUI PROGRAMMER, SUR QUELLE DURÉE : TROIS JOURS, UNE SEMAINE, OU PLUS. AVEC UNE SALLE PARFOIS À MOITIÉ VIDE, OU PLEINE COMME UN ŒUF PENDANT CINQ MOIS... »

JEAN-MICHEL BORIS

Le Monde, 4 octobre 2018.

Double page précédente : photographes à la conférence de presse de Bob Dylan, la veille de son concert, le 24 mai 1966. C'est le premier concert de l'artiste en France.

Johnny Hallyday sur scène à l'occasion d'un concert pour les enfants le 13 décembre 1962.

Jean-Michel Boris a, à de nombreuses reprises, expliqué le métier tel qu'il était exercé lorsqu'il a débuté dans les années 1950 : « Les spectacles étaient très longs. Ils commençaient à 20 h 30 pour se terminer aux alentours de minuit ce qui était très tard pour l'artiste principal. Le spectacle était divisé en plusieurs parties : une "vedette américaine", qui ouvrait la soirée, puis une "vedette anglaise", future "vedette américaine" en quelque sorte, puis un orchestre et, enfin, l'artiste principal. La programmation était par conséquent assez complexe. Désormais, c'est plus simple puisque seuls un artiste en première partie et l'artiste programmé sont présents. Mais la difficulté réside dans la vitesse à laquelle se succèdent les passages. Car des artistes qui restent un mois d'affilée, cela n'existe plus. Aujourd'hui, le rythme est plutôt d'un concert différent chaque soir !

MADONNA, le 6 mai 2008.

123.

Corneille, le 10 janvier 2006.

La manière de gérer les spectacles était très différente. On programmait des spectacles tous les jours de la semaine sauf le lundi, mais il y avait une matinée (c'est-à-dire un spectacle dans l'après-midi) le jeudi, une matinée le samedi et deux matinées le dimanche. Le travail d'organisation était énorme. Les orchestres de jazz étaient difficiles à gérer, avec de nombreux musiciens, pas toujours enclins à respecter les règles. Et tous les plus grands sont passés là : Coltrane, Hampton, Armstrong, Davis... L'Olympia était ouvert à toutes les musiques du monde et la salle a programmé également les musiques des minorités, tout comme les nouveaux talents, entendus, découverts, suivis en fréquentant les festivals pour comprendre les goûts du public, en communiquant avec les agents et les producteurs. »

SIDNEY BECHET, le 19 octobre 1955.

MIREILLE MATHIEU et son impresario JOHNNY STARK vers 1967.

EDDY DE PRETTO

C'est le souvenir d'un rendez-vous manqué. J'étais content de venir à l'Olympia parce que, en 2018, j'étais « dans la lumière », avec une succession de dates qui s'enchaînaient. L'Olympia, c'est une légende, j'avais un devoir de mémoire, un devoir d'être ébloui par l'histoire du lieu. J'en avais toujours rêvé et ce soir-là, ça existait, j'y étais arrivé, j'étais là.

Mais j'étais très stressé. Il y avait tellement d'attente, de pression, la barre placée trop haut que... je me suis planté. Je suis passé à côté. Une vraie claque. J'ai fini en pleurs dans les toilettes de la loge ! Le lendemain soir, la pression était retombée, ça s'est super bien passé, j'ai bien kiffé la salle, le public, je me sentais bien, je m'y sentais bien.
Chaque scène est un rendez-vous, et l'alchimie a lieu. Ou non. Ce premier concert raté, dans cette salle mythique, fut une sacrée expérience, que je n'oublierai jamais.

Eddy de Pretto,
le 6 novembre 2018.

Ce premier concert dans cette salle mythique fut une sacrée expérience, que je n'oublierai jamais.

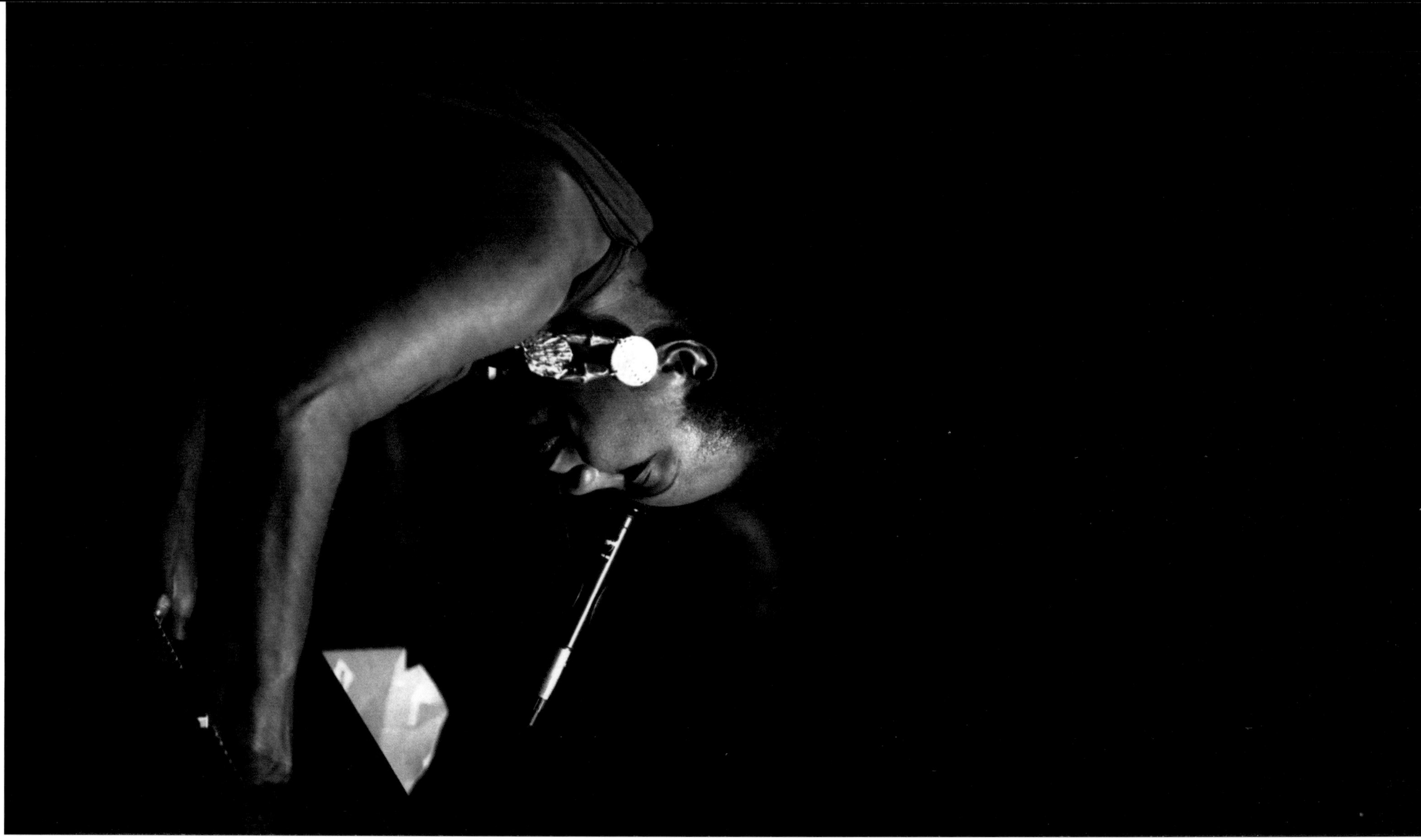

Nina Simone en octobre 1992.

Double page précédente : Oxmo Puccino, le 29 juin 2018.

À l'écoute du milieu

Aujourd'hui, la direction de l'Olympia veille à sa programmation, son positionnement, sa ligne éditoriale, cohérente et « lisible », sous la houlette d'Yvette, qui a fait ses armes auprès de Jean-Michel Boris.
Depuis 2015 notamment, les longues séries ont été réduites pour, d'une part, apporter un nouveau souffle à la programmation et, d'autre part, accueillir davantage d'artistes. Les travaux de rénovation de la salle lors de sa reconstruction permettent un accueil optimal, confortable et simplifié des staffs, facilitent la rotation fluide des montages et démontages successifs et ainsi la programmation des concerts.

Pour Yvette, « la programmation d'une salle comme l'Olympia nécessite d'être à l'écoute des besoins des artistes et de leurs producteurs pour planifier, parfois jusqu'à deux ans à l'avance, les concerts au mieux de leurs impératifs : sortie d'album, tournée, moment le plus opportun pour valoriser leur talent, nouvelles tendances et saisonnalités pour accueillir les icônes internationales d'aujourd'hui… ou de demain ».

SERGE REGGIANI, le 6 mai 1981.

La programmation est donc une alchimie qui prend en considération tous ces paramètres en un Tetris en perpétuel mouvement, au gré des options de spectacles qui se confirment, s'annulent, se reportent, jusqu'à trouver l'équilibre pour proposer au public une programmation exigeante et adaptée au moment.

Yvette se charge de cette tâche délicate. Satisfaire les productions, remplir les agendas, répondre aux souhaits, aux besoins, aux espoirs comme aux exigences des uns et des autres... un travail de dentelle, précis, minutieux, rigoureux. En moyenne, ce sont 280 dates par an — 80 % pour la musique et 20 % pour l'humour en 2022 — pour la programmation artistique de la salle.

Henri Salvador devant l'affiche de son concert à l'Olympia en avril 2001. L'artiste de 83 ans s'y produit pour la première fois !

Double page précédente : Lana Del Rey, le 10 juillet 2023.

Les inséparables Alain Souchon et Laurent Voulzy en 1980.

HENRI
SALVADOR
POUR LA PREMIÈRE FOIS
A L'OLYMPIA
BRUNO COQUATRIX
DIRECTION : PAULETTE ET PATRICIA COQUATRIX
5 SOIRÉES
EXCEPTIONNELLES
DU 24 AU 28 AVRIL 2001
SOURCE
Jean RIZ

La première fois que je me produisais dans une salle mythique comme celle-là, c'était un rêve éveillé.

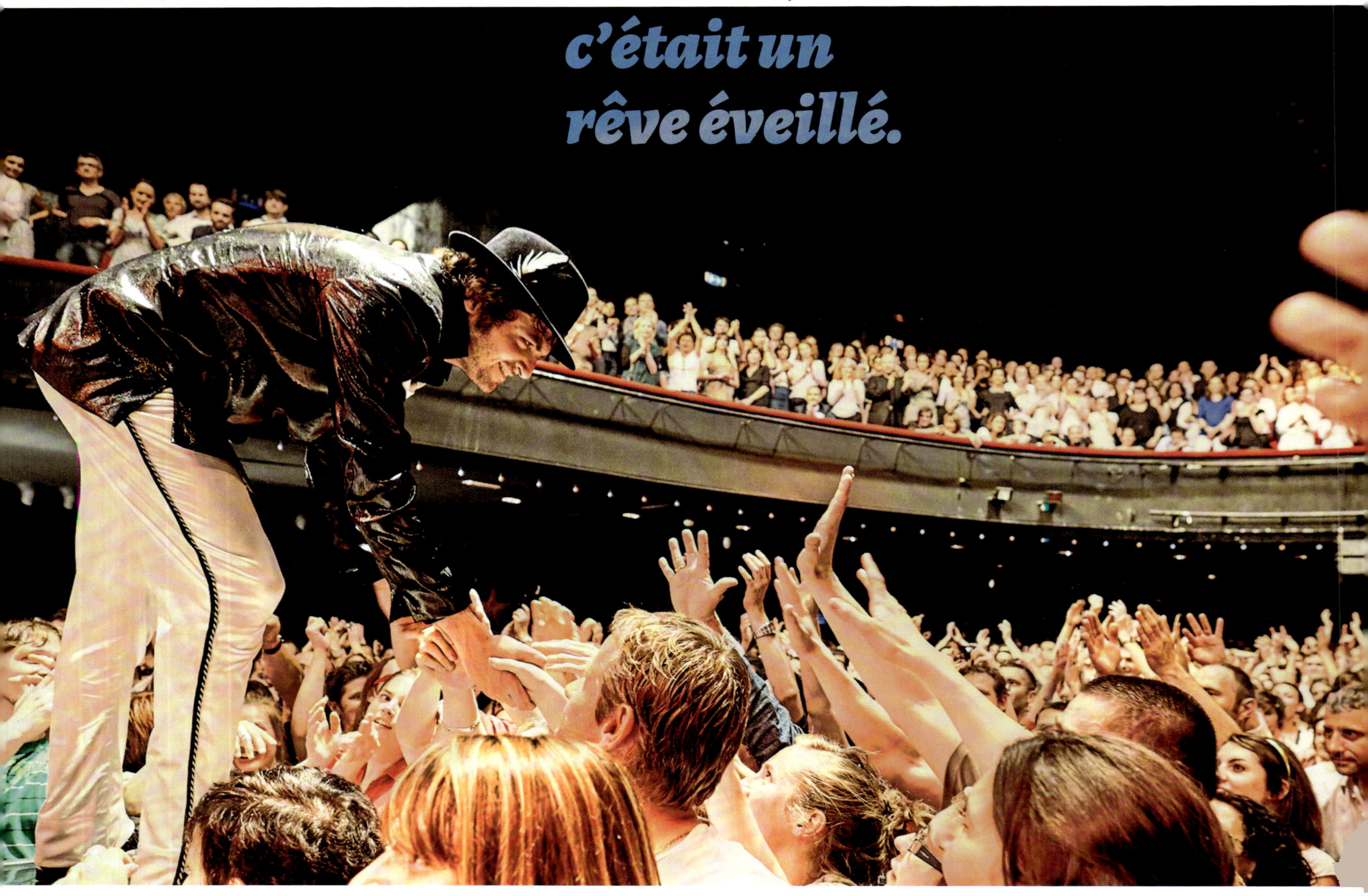

MATTHIEU CHEDID

Mon premier Olympia, c'était en première partie d'Étienne Daho, si enthousiaste et si avenant : ce sont des moments marquants, car un premier passage dans cette salle, c'est en quelque sorte une validation de nos « grands frères ». Mon premier Olympia seul, c'est à l'époque de Je dis aime*. C'était la première fois que je me produisais dans une salle mythique comme celle-là, c'était un rêve éveillé. La configuration du lieu, le public dont on sent la présence jusqu'au dernier rang de la salle, c'est unique.*

Ensuite, je me souviens particulièrement des concerts de Mister Mystère*. J'avais invité à se joindre à moi Toumani Diabaté, griot malien joueur virtuose de kora, qui a interprété quelques morceaux. Il m'a tellement inspiré qu'en rentrant à l'hôtel, après le concert, j'ai écrit la chanson « Manitoumani », qui s'est trouvée quelques années plus tard sur l'album* Lamomali*.*

Avec ma famille aussi on a vécu à l'Olympia de très beaux moments, quand on a joué tous ensemble. Ce sont des souvenirs gravés dans ma mémoire, des émotions très fortes. J'ai vu des gens pleurer dans la salle. C'était fabuleux de se retrouver tous ensemble sur cette scène où mon père avait joué également.

L'Olympia a aussi été pour moi le lieu d'échanges qui m'ont marqué. Avec Charles Aznavour, venu me saluer parce qu'il aimait mon univers musical, avec Paul McCartney, que j'avais interviewé quelques mois plus tôt pour Rock'n Folk*, qui m'a accueilli si chaleureusement dans sa loge, très heureux de me retrouver là. J'ai un souvenir ému de ce moment merveilleux, de l'humilité, de la simplicité de cet immense artiste. Et puis avec Johnny, après le concert, au moment de* Mister Mystère*. Il avait flashé sur une chanson, « Tanagra », écrite par Brigitte Fontaine. Il m'a demandé ce soir-là de faire son prochain album ! Le projet s'est réalisé ensuite, et on a passé ensemble un moment génial.*

À l'Olympia, que j'ai connu avant les travaux, j'ai l'impression d'être dans le souvenir d'un lieu, plus que dans le lieu. C'était un vrai défi d'en garder l'âme, au moment de sa reconstruction, et c'est magnifiquement réussi.

Matthieu Chedid, le 29 mai 2010.

« Nous travaillons de pair avec le milieu musical. À l'écoute des professionnels, toujours dans l'air du temps, nous veillons à perpétuer l'image de l'Olympia, le plus vieux mais le plus contemporain, tendance et intemporel music-hall parisien. »

Les productions des artistes disposent ainsi de dates fixées plusieurs mois à l'avance. Le temps pour elles d'organiser le concert : matériel, scène, décors, tout un arsenal que le public apprécie sans réaliser les contraintes techniques et les difficultés inhérentes à chaque spectacle. Johana et Ophélia dressent le bilan des interventions nécessaires, informent ensuite les différents services, qui tiennent compte des avertissements ou des recommandations. Directrice des opérations, Johana occupe un poste complexe, une sorte de « boîte à outils » de la maison. Son rôle principal ? Apporter des solutions, trouver des arrangements, imaginer l'impossible pour satisfaire les producteurs et les artistes en respectant les feuilles de route de la maison et la ligne de conduite établie collectivement. Une salle de spectacles est forcément soumise à une réglementation rigoureuse. Le public n'imagine pas les tâches multiples et variées qui précèdent un concert ou un spectacle, les demandes singulières des artistes et les temps de réflexion nécessaires pour étudier leur faisabilité.

Gaëtan Roussel et Benjamin Biolay lors du prix Constantin en octobre 2011.

Aloïse Sauvage, légère et aérienne, le 16 mai 2023.

Ginger Boy, en première partie du concert de Tiakola, avec les membres de son groupe Sssound, le 12 mars 2023.

Johana s'attelle chaque jour à tout ce qui est problématique ou pourrait le devenir sans une analyse rapide et pointue de la situation : une captation imprévue, des caméras installées sans crier gare qui pourraient gêner le public, des fans qu'il faut gérer. Lorsqu'elle n'est pas « sur le pont », elle réfléchit avec l'ensemble des équipes aux nouvelles problématiques d'aujourd'hui. Les habitudes et les modes changent, les fans se retrouvent volontiers dans le quartier bien avant l'ouverture des portes, il convient donc d'accompagner sans pour autant s'immiscer dans les groupes formés boulevard des Capucines, et d'organiser un accueil minutieusement encadré. Chaque soirée est une nouvelle aventure, où chaque individualité, avec ses talents et ses compétences propres, se met au service du collectif afin que l'équipe de l'Olympia, soudée, ne laisse rien au hasard.

Une soirée à l'Olympia est une expérience magique pour le public mais elle combine un ensemble de savoir-faire et d'expertises rares et précieux. En toute discrétion, Johana, dans l'ombre, en coulisses, « met de l'huile dans les engrenages » pour que tout marche. Et ça marche.

Le directeur technique, Christophe, est là, lui aussi, pour faciliter la préparation du spectacle du soir. « J'étais un fan de concert quand j'étais jeune. Je me souviens de mon premier concert à l'Olympia, c'était pour Public Image, j'avais 17 ans, on a cassé tous les sièges, en sautant de bonheur. On était debout sur les fauteuils, alors... ils ont pété. Maintenant que je suis directeur technique, qu'on accueille entre 250 et 300 concerts par an, je fais attention à tout ça, au matériel, à la salle, au public, à tout. »

Lundi 28 novembre 1983, concert de PUBLIC IMAGE LIMITED : public déchaîné et fauteuils cassés !

Il y a des dégâts de temps en temps, mais l'équipe de l'Olympia est bien coordonnée et tout est de nouveau impeccable pour le concert du lendemain. Pour Christophe, qui a exercé tous les métiers de la scène, « c'est une salle très agréable, au niveau visibilité, son, taille. Les artistes, après "leur" Olympia, sont en général euphoriques. Ils réussissent à avoir une très bonne perception du public et ils sentent bien les vibrations. Ils sont en osmose avec les spectateurs, c'est particulier à l'Olympia, surtout pour les concerts avec fosse. La salle est conçue pour qu'il n'y ait pas de nuisances sonores dues aux vibrations. Tout l'orchestre est posé sur ressorts. Quand le public bouge, le plancher bouge, on a des impressions étonnantes ».

À droite de la scène, l'équipe technique de VINCENT DEDIENNE et celle de l'Olympia veillent au bon déroulement de la soirée le 1er octobre 2017, juste avant l'entrée en scène de l'artiste qui observe l'installation du public.

71 dBA
79
98
ETABLISSEMENT
SOUS
VIDEO SURVEILLANCE

FATOUMATA DIAWARA

J'ai longtemps rêvé de l'Olympia. Pour moi, fouler cette scène, c'était un message hautement symbolique, sacré, c'était un accomplissement. Un bonheur, un marqueur d'espoir et de légitimité. Ces énormes lettres rouges qui brillent sur la devanture en ont fait rêver plus d'un et j'en fais partie. Si tout s'arrêtait demain, je pourrais dire que j'ai fait l'Olympia. C'est fou de se dire qu'autant de personnes se réunissent, un soir, pour écouter ensemble tes chansons, le temps d'un moment partagé et unique. Qu'elles sont belles, ces vibrations communes et collectives !

Fatoumata Diawara (ici au festival Les concerts du bout du monde, à Crozon), le 6 août 2021.

Fouler cette scène, c'était un message hautement symbolique, sacré, c'était un accomplissement. Un bonheur, un marqueur d'espoir et de légitimité.

ACCES THEATRE

Les coulisses et l'accès à la scène.

EDDY MITCHELL, le 7 mai 1975.

Iggy Pop, le 7 juillet 2010.

Techniquement, la salle a été complètement repensée : « Autrefois, l'accès se faisait par une cour pavée datant d'un autre siècle. C'était compliqué pour les techniciens et bruyant pour le voisinage. Pour le nouvel Olympia, il y a eu un vrai travail de réflexion. La scénographie a été extrêmement bien conçue. Tout a été fait pour que les spectacles se passent bien, tout en respectant l'esprit du lieu et en recréant à l'identique l'environnement de la salle et des coulisses. La scène est bien agencée, facile à travailler techniquement. Un immense parking souterrain facilite le déchargement du matériel nécessaire aux spectacles. Quand le nouvel Olympia a été reconstruit, je suis tombé dingue amoureux de cette salle. » Directeur technique, « un poste magnifique » pour Christophe. Il est présent pour régler le moindre problème, pour tout vérifier : plans de la scène fournis par les productions, demandes particulières, captations prévues et caméra baladeuse, qui ne doivent pas engendrer de nuisances, montages et installations, bonne coordination entre les techniciens présents sur la scène et les équipes de l'Olympia, qui administrent la salle au quotidien (production, programmation, accueil, direction, partenariats, développement). Christophe s'appuie sur leur travail et leur synchronisation au cordeau.

Double page suivante : à 13 mètres au-dessus de la scène, un espace réservé aux équipes techniques.

Gilbert Coullier productions

GILBERT COULLIER
PRODUCTEUR

Nous avons tous trois gardé un magnifique souvenir de cet Olympia, grâce auquel tout est arrivé.

« À l'Olympia, l'un des événements les plus marquants de ma carrière a été la série de trois concerts de Céline Dion, en octobre 1994. J'avais fait la connaissance de René Angélil, son mari, en 1987, et j'allais régulièrement les voir au Québec. Ils m'avaient promis qu'à l'occasion de leur venue en France, c'est moi qui produirais le spectacle de Céline. Nous avons donc programmé son passage à l'Olympia le moment venu, à l'époque de la sortie de son single "Ziggy", une chanson extraite de Starmania*, l'opéra rock de Michel Berger et Luc Plamondon. Elle était alors peu connue, et pas vraiment "tendance" ! Pourtant, les trois concerts ont affiché complet, tout s'est très bien passé, elle était enchantée.*

Ce passage à l'Olympia a été déterminant dans sa carrière, car elle a rencontré Jean-Jacques Goldman à cette occasion. C'est de là qu'est partie leur foisonnante collaboration, dont l'aboutissement a été l'album D'eux*, sorti en 1996, et dans lequel se trouvait la fameuse chanson* Pour que tu m'aimes encore*. L'album s'est vendu à des millions d'exemplaires et a lancé sa carrière en France et dans le monde francophone. Nous avons tous trois gardé un magnifique souvenir de cet Olympia, grâce auquel tout est arrivé. En peu de temps, elle a modifié son image, puis elle a connu une ascension fulgurante.*

Céline Dion, le 28 septembre 1994.

L'Olympia est la salle que je préfère à Paris.

Un autre artiste, un immense artiste lui aussi, m'a souvent "accompagné" tout au long de ces années : c'est Gilbert Bécaud, ardent amoureux de la scène de l'Olympia, de l'ambiance comme des décors, des loges comme de la technique, du confort comme de l'accueil. Grâce à Charley Marouani, j'organisais tous ses spectacles. Il a un record du nombre de passages difficile à battre ! Bécaud a tenu absolument à être le premier artiste à se produire dans le "nouvel" Olympia, après les travaux, pour la réouverture de la salle, ce qu'il a fait. Il avait dialogué pendant le chantier avec Anthony Béchu, l'architecte, lui apportant son ressenti d'artiste.

L'Olympia est la salle que je préfère à Paris. Et pour les artistes, c'est une salle qui permet de rencontrer un autre public, des personnes qui viennent passer la soirée à l'Olympia parce que le lieu est mythique. C'est la seule salle de la capitale où cela se passe ainsi, la seule qui permet aux artistes d'élargir leur audience, et c'est assez précieux.

J'ai connu l'Olympia "historique" : Jean-Michel Boris, Paulette, Marilyn. Je me souviens de Marilyn dans son bar, un lieu coloré, incontournable ! Aujourd'hui, Yvette, Sita, Laurent de Cerner, et tout le personnel perpétuent l'âme de ce lieu accueillant et chaleureux.
L'époque n'est plus aux "longues durées" et la "consommation" musicale est très différente, les goûts ont changé. Le public debout dans la fosse est davantage attiré par la musique urbaine, les artistes sont à l'écoute des courants et des attentes et, avec les réseaux sociaux, la demande se fait en accéléré, tout est beaucoup plus rapide. C'est un autre monde, mais la salle, et c'est heureux, demeure fidèle à elle-même. »

C'est la seule salle de la capitale qui permet aux artistes d'élargir leur audience.

Programme de Gilbert Bécaud, 1999.

Double page suivante : Louis Tomlinson, le 6 avril 2022.

Gilbert Coullier présente
en accord avec Charley Marouani
Bécaud
A L'OLYMPIA
BRUNO COQUATRIX
DIRECTION : PAULETTE ET PATRICIA COQUATRIX

28

Mais quoi de plus agréable que de venir adresser nos histoires à des milliers de gens sous le regard inspirant de nos idoles ?

VIANNEY

J'ai aimé la scène de l'Olympia dès le premier pied que j'y ai posé. C'était en première partie de Dick Annegarn ; en arrivant sur place, je jubilais de voir mon nom en petites lettres rouges à côté du sien… Et puis cette chaleureuse immensité : une grande salle qui nous fait sentir en famille malgré tout. On pense aux gens qui ont inspiré nos premiers accords de guitare et qui, tous, ont brillé à l'Olympia : Brel, Cabrel, Le Forestier, Piaf ou Barbara, et on se sent tout petit. Mais quoi de plus agréable que de venir adresser nos histoires à des milliers de gens sous le regard inspirant de nos idoles ? Ils sont là, partout, et font qu'à la fin ce n'est pas nous qui investissons l'Olympia, mais l'Olympia qui nous habite.

VIANNEY, le 26 novembre 2022.

Rire à l'Olympia

« L'art du comique, c'est donner l'impression qu'on fait n'importe quoi quand on a travaillé dix heures sur une mimique ou sur une phrase. »
Coluche

Une autre tradition française, les spectacles dédiés à l'humour et au rire se multiplient, explosent dans la capitale. Ces talents ont eux aussi évolué depuis la création de la salle, mais les humoristes ont marqué la culture populaire française et accompagné les changements culturels, sociaux et politiques. Maniant la dérision, la moquerie et les petits travers des « autres », voisins, élus, conjoints, ils utilisent leurs propres expériences pour enthousiasmer un public rigolard. Ils s'emparent de thématiques dans l'air du temps, observent le monde qui nous entoure et ses aberrations qu'ils relatent avec intelligence et perspicacité et livrent un regard personnel sur la société. Désopilants, ils ne sont que plus cinglants.

Dernier spectacle des Vamps, le 18 septembre 1992.

Philippe Katerine, le 27 mars 2022.

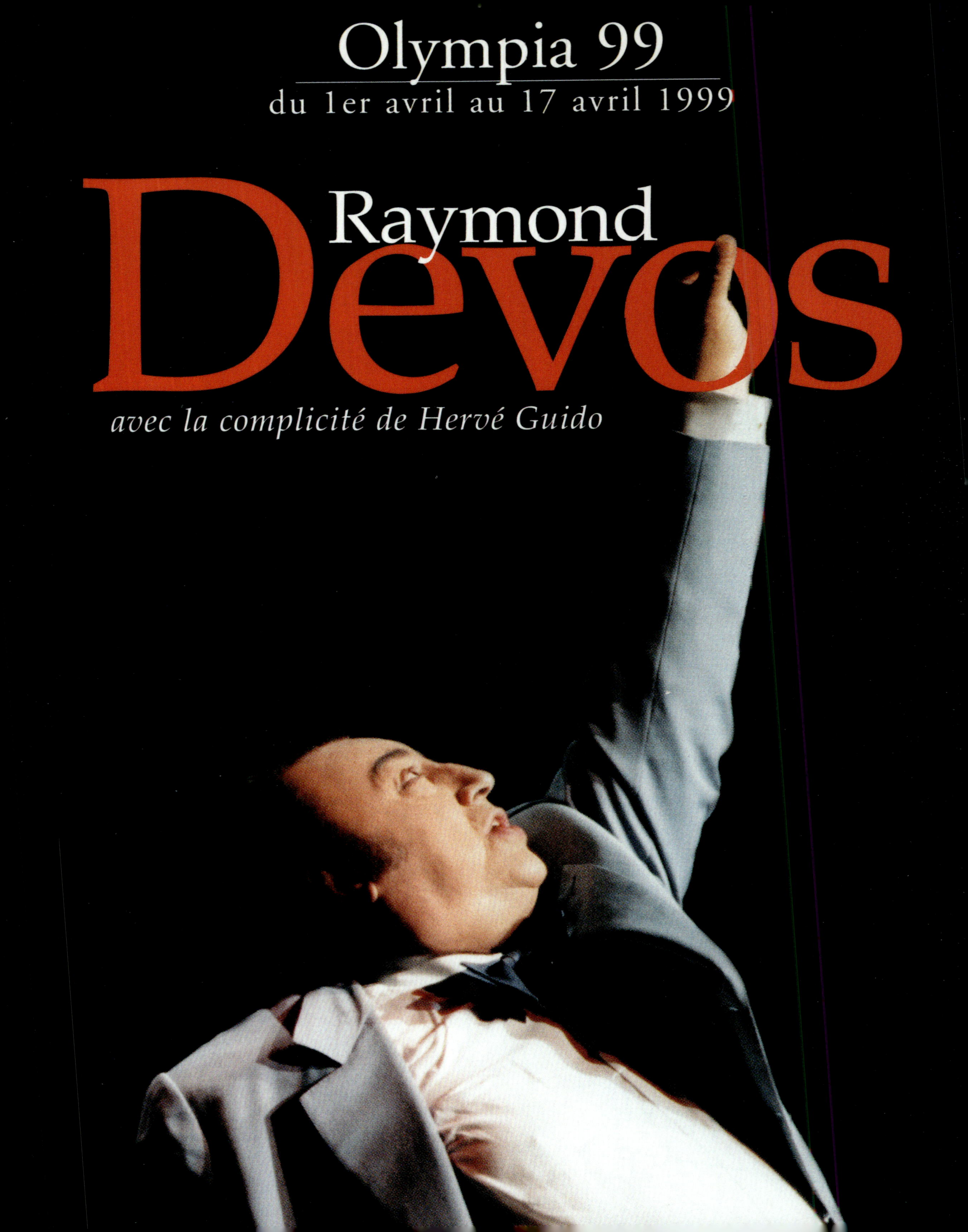
Olympia 99
du 1er avril au 17 avril 1999
Raymond
Devos
avec la complicité de Hervé Guido

Programme du spectacle de RAYMOND DEVOS, avril 1999.

Pochette du vinyle de JACQUELINE MAILLAN enregistré en public le 18 avril 1968.

Tout y est magique, l'entrée des artistes rue de Caumartin, les loges, le bar Marilyn, les couloirs... les souvenirs...

VINCENT DEDIENNE

L'Olympia quoi…
Quand les lettres sont sorties de leurs petites caisses le matin même, qu'elles sont mélangées sur le trottoir du boulevard des Capucines, comme dans le fond d'un bol de soupe, on ne peut pas croire que c'est vrai, que quelqu'un va les mettre dans l'ordre et que cet ordre formera votre nom et le nom de votre spectacle et que tout ça sera allumé le soir même… C'est une émotion indescriptible. L'Olympia reste toujours un rêve, un rêve d'enfant autant qu'un rêve d'adulte, un moment à part, une petite parenthèse pendant laquelle le cœur bat plus fort que dans toutes les autres salles de spectacle du monde. C'est l'Olympia, quoi.

Tout y est magique, l'entrée des artistes rue de Caumartin, les loges, le bar Marilyn, les couloirs… les souvenirs… Le soir de mon premier Olympia, le 1er octobre 2017, j'avais réuni dans la salle tous mes amis, ma famille, et même mon premier amoureux avec lequel j'étais fâché… Nous buvions tous ensemble des bières et du champagne dans les loges, heureux, émus, réconciliés et je me suis éclipsé avant tout monde, parce que je me levais aux aurores le lendemain pour tourner un film. Je suis repassé boulevard des Capucines, j'ai regardé mon nom et j'ai pensé que derrière, il y avait tous les gens ou presque qui comptaient pour moi. L'Olympia, quoi. Vivement le prochain !

4

ÉCOUTER LA MUSIQUE… ET LA VOIR

« LES FAMEUSES LETTRES DU FRONTON DE L'OLYMPIA, C'EST DU RÊVE EN BARRE. ET JE PENSE QUE LA PREMIÈRE FOIS QU'IL VOIT SON NOM LÀ-HAUT, TOUT CHANTEUR NORMALEMENT CONSTITUÉ DOIT S'OFFRIR UN GRAND MOMENT DE BELLE ÉMOTION. »

JEAN-MICHEL BORIS

Double page précédente : TIAKOLA, le 12 mars 2023.

La façade de l'Olympia annonçant le concert de DOMINIQUE A, le 19 avril 2023.

OLYMPIA
130
ANS DE MUSIC-HALL
AUGURI PRODUCTIONS PRESENTE
LONNY
DOMINIQUE A

« Ma relation avec l'Olympia date de mon enfance. Ma mère était amie avec Paulette Coquatrix. Grâce à cette dernière, j'ai pu assister à tant de concerts ! Paulette me permettait de venir quand bon me semblait. J'entrais par la porte de derrière et Marcel m'installait au premier rang. Mon enfance, mon adolescence, mes années étudiantes sont ponctuées de découvertes musicales à l'Olympia, dans cette salle tellement humaine. Un morceau de ma vie est dans cette maison. Et c'est vrai aujourd'hui pour toute ma famille, qui désormais m'accompagne.
Il n'y a pas deux soirées pareilles. Pas un concert ne ressemble au précédent. Même si c'est le même artiste plusieurs soirs d'affilée. On le sent détendu un soir, peut-être moins disponible le lendemain... L'alchimie peut se faire ou ne pas se faire, mais certaines soirées sont inoubliables, parce que tout y est. La salle, le public, l'artiste, tout est là, tout fonctionne, c'est magnifique. L'Olympia est le seul endroit sur terre où, quand on passe la porte, on oublie tout. À la minute où l'on rentre dans la salle, on laisse tout dehors. Pendant deux heures, on est dans un autre univers, on est dans le bonheur et on en profite. Ce sont des moments de plaisir intense, presque d'euphorie. » C'est avec ces paroles émues que témoigne Raphaël Faraggi, spectateur fidèle parmi les fidèles, qui pourrait, à lui seul, raconter l'histoire de la chanson.

Le public de l'Olympia, ce sont plusieurs générations qui se sont succédé, avec leurs attentes, leurs modes et leurs envies. Se rendre à un concert, c'est bâtir un moment avec d'autres, programmer un partage d'émotions, une parenthèse enchantée. Un concert, c'est une unité de temps, une unité de lieu, une expérience collective. Individuelle aussi, comme pour Fred : « J'aime bien venir à l'Olympia. Je viens seule, c'est mon plaisir, c'est un moment de liberté,

Le public au concert de Paul Kalkbrenner, le 1er octobre 2021.

juste pour moi. Je reste dans la fosse, plutôt derrière, c'est un endroit assez sympa. Je viens voir des musiciens que j'aime ou ceux que je ne connais pas. La programmation présente les grands noms du moment, mais pas seulement. Les premières parties permettent de découvrir les talents de demain. Je ne les rate jamais. » Et puis, il y a la présence des corps, la danse, la reprise des refrains, les applaudissements, le monde autour. Adeline, Laetitia et Anne-Sophie témoignent : « On vient entre copines. On aime la programmation et aussi le lieu, les gens, c'est convivial, c'est une salle mythique. C'est un chouette endroit. Avec le Covid, on a fait une pause (rires). Alors on se rattrape ! » Vagabonder, selon l'humeur : devant la scène, dans la fosse, ou au fond, en observateur du moment, voire au bar. Un concert se tisse avec cette proximité, avec cette intimité. Un spectacle, ce sont des gens, une interaction entre un artiste et son public, des émotions, des sentiments exacerbés. Une vague qui emporte tout en une sorte de fraternité harmonieuse, une communion qu'on n'oubliera jamais.

IAM et leurs fans devant l'Olympia, le 30 avril 1994.

IMANY

Je me souviens de ma première fois à l'Olympia. J'avais environ 14 ans et j'avais gagné deux places dans une tombola pour le concert d'Enrico Macias. Ma tante Coco Moina, une femme si discrète et dévouée à sa famille, en était fan. J'y suis allée avec elle. C'était également son tout premier concert. Et c'est devenu notre première fois à toutes les deux. Je n'ai pas de souvenir du concert. Je me souviens seulement de la joie, la liesse et la liberté vécue par ma tante. Je me souviens de comment la musique l'avait transformée, ou plutôt l'avait ramenée à elle-même. Elle est décédée trop tôt, quelques années après.

Et puis, vingt ans plus tard, ça a été mon tour. Mon tour d'offrir de la joie sur la scène de l'Olympia. À chaque fois que je pose mon pied sur cette scène, je pense à elle. Je lui joue toujours une chanson et je la vois dans le fauteuil rouge hurler de bonheur. Jouer à l'Olympia c'est, pour moi, jouer avec tous les éclats de joie et de vies qui ont traversé son histoire et ses murs. C'est contribuer au cycle éternel de la création et de l'unité des êtres.

Imany, le 21 février 2011.

Jouer à l'Olympia, c'est jouer avec tous les éclats de joie et de vies qui ont traversé son histoire et ses murs.

« On vient toujours dans la fosse. Le son est bon, meilleur en haut, mais on aime l'ambiance du bas », renchérissent Cédric et Guillaume.

Dans les années 1970, les spectateurs allumaient leurs briquets, maintenant ils brandissent leurs portables, pour affirmer l'appartenance au groupe, pour partager l'ambiance avec leurs followers ou leurs contacts sur WhatsApp. En une décennie, les pratiques culturelles numériques se sont considérablement développées, tout comme l'écoute de la musique en ligne. La technologie et la normalisation ont modifié le degré d'attention du public, dont les pratiques changent constamment et sont parfois difficiles à saisir. Tout passe par Instagram et TikTok (« Tu as vu la programmation de l'Olympia ? C'est un truc de ouf ! », « L'Olympia, j'y suis plus que chez moi ! »). Aujourd'hui, le spectateur de l'Olympia communie avec la salle mais communique en même temps sur les

Double page précédente : NEKFEU, le 4 janvier 2016.

À gauche : ARNO, le 22 avril 2013.

LÉO FERRÉ, le 2 octobre 1984.

Matthieu Chedid se concentre dans les coulisses, le 29 mai 2010.

La salle pendant le concert de Juliette Armanet, le 11 mars 2022.

réseaux sociaux, avec une aisance naturelle. Notons toutefois que le confinement a relativisé les attraits de ce type de communication. Lors de la réouverture de la salle, il semble que les spectateurs de l'Olympia avaient pris conscience du charme de voir et d'entendre simultanément, de partager avec gourmandise le bonheur d'une présence. Tout ce que quelques esprits chagrins ont cru, un temps, condamné tant les réseaux sociaux prenaient le pas sur le reste.

La salle a été reconstruite et les âmes des artistes qui sont passés là ne se sont pas enfuies. La salle, toujours aussi chaleureuse, a gardé son côté magique.

JULIEN CLERC

J'ai débuté à l'Olympia en première partie de Bécaud, en 1969. Les premières de gala, toute la presse et les invités prestigieux étaient installés dans les premiers rangs. Aragon était très souvent présent.
À l'entracte, les invités se pressaient dans les coulisses pour rejoindre le bar de Marilyn. Le soir de la première, Serge Gainsbourg est venu vers moi et m'a dit que c'était la première fois qu'il entendait quelque chose d'intéressant depuis vingt ans. Un compliment dingue, pour moi, jeune chanteur.
La première fois en vedette, c'était en 1970. Coquatrix, qui était le « pape » de notre métier, nous invita à dîner le dernier soir, au-dessus, dans sa cuisine, en petit comité. Il nous a fait des pâtes à la tomate… et au saucisson… Et a tiré les enseignements de mon passage. Il m'expliqua qu'avant de revenir, « il allait falloir quand même chanter quelque chose ». « Jamais une vedette n'aura les cheveux longs en France, alors il va falloir changer ça. Et vos chansons, là, va falloir changer ça aussi. Ça plaît aux petits minets, mais c'est tout. »
Puis est sortie la chanson Ce n'est rien. *Très gros succès. Il me rappelle. « Bon, vos chansons, le public s'y est habitué. » Alors j'ai refait l'Olympia en 1973, avec les cheveux encore plus longs et sans rien changer, habillé par Karl Lagerfeld ! Je portais une ceinture de smoking et un habit de lumière de torero : veste blanche, courte, scintillante, avec les revers argentés. Je brillais de mille feux sur scène !*
Je l'ai refait plusieurs fois.
Au moment des travaux, beaucoup d'artistes ont pu donner leur avis et c'est très bien d'avoir procédé ainsi. La salle a été reconstruite avec tous les avantages qui faisaient son charme et sa réputation. Les âmes des artistes qui sont passés là ne se sont pas enfuies. La salle, toujours aussi chaleureuse, a gardé son côté magique.

Julien Clerc en habit de lumière, le 4 octobre 1973.

La découverte d'une œuvre par la théâtralité proposée par l'artiste, qui a travaillé minutieusement le rythme de la soirée en essayant de créer des temps de pur bonheur avec son style, ses attitudes, sa gestuelle, son comportement, son engagement, va au-delà de la simple audition. De ses mots et de son corps, il fait l'espace. C'est une expérience intense, salvatrice. L'architecture et la beauté acoustique de l'Olympia facilitent la mise en majesté de ces moments de performance, forme d'art absolu. Pour Raphaël Faraggi, « l'Olympia est une source inépuisable de musique vivante, qui nous pénètre, nous entraîne, sans que l'on soit moindrement dérangé par des sollicitations extérieures qui pourraient parasiter ce moment. L'acoustique est exceptionnelle, le son est bon partout, dans n'importe quel endroit où l'on se trouve. Pas de mails, pas de SMS, la beauté et la grâce du lieu, du son, un lâcher-prise total. »

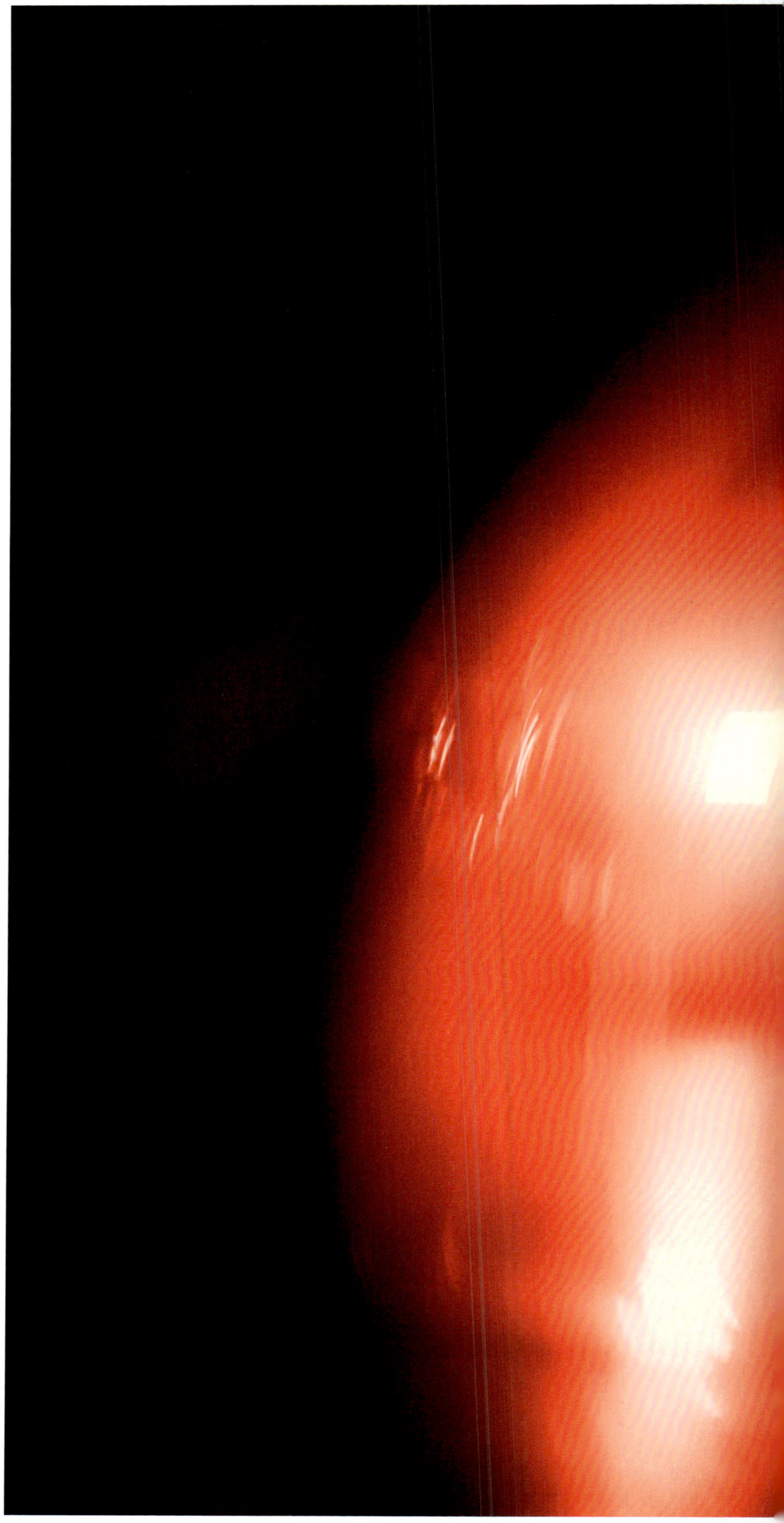

YUNGBLUD terminera son concert sur le trottoir avec ses fans déchaînés, le 6 mai 2022.

DOUDOU, PRODUCTEUR

Radical Production

La salle vit, les murs vivent, le plancher est délicatement ondoyant.

« Un concert à l'Olympia n'est pas la preuve d'un succès commercial, mais, en revanche, c'est la preuve d'un succès artistique. L'Olympia poursuit sa route à la manière d'un théâtre dans sa conception, son accueil, et un passage dans cette salle valorise le travail d'un artiste. C'est un moment particulier dans une carrière, une reconnaissance publique longtemps espérée. Quelle que soit la région, la ville ou le village, partout en France, au sein de chaque foyer, dans les coins les plus reculés, on connaît l'Olympia, c'est la force du lieu et une force inégalée. L'Olympia fait partie de l'histoire de la culture française, de notre patrimoine, de notre mémoire collective. C'est un lieu de prestige, une salle mythique qui a accueilli les plus grandes stars. "Faire l'Olympia" signifie vraiment quelque chose. C'est un marqueur artistique, une étape pour aller plus loin. Ou pas, car un artiste peut préférer se produire dans cette salle à taille humaine. Autrefois, les artistes restaient à l'affiche plusieurs semaines ou plusieurs mois, les spectacles et les concerts s'organisaient autrement. Aujourd'hui, les durées sont plus courtes et les propositions de l'Olympia sont volontairement plus variées, très diversifiées. Des événements très grand public aux concerts pour jeunes urbains, la programmation est multiple, populaire ou savante, brasse tous les styles artistiques, attire des publics différents et c'est ce qui fait sa richesse. Pour un artiste français, se produire là est un événement. Il en va de même pour les artistes internationaux : la salle est mondialement reconnue. Le rapport scène-public exceptionnel permet de ressentir l'énergie de l'assistance, les vibrations, les émotions. C'est vraiment spécifique à ce lieu. La salle vit, les murs vivent, le plancher est délicatement ondoyant pour les irréductibles du dancefloor*, de bonnes ondes circulent. Il s'y passe quelque chose d'inexplicable, qui permet une communion magnifique entre l'artiste et son public. Parmi ceux avec qui on travaille, certains privilégient plusieurs dates à l'Olympia à un concert dans un Zénith pour cette raison. Pour les artistes internationaux, c'est l'une des salles au monde qu'ils préfèrent, pour cette raison également. Ce feeling, cet ineffable sentiment est précieux pour ceux qui tournent beaucoup et partout. Ils apprécient de se retrouver dans un lieu où ils ont l'impression d'être chez eux. Et où tout le monde a le sourire. »*

Il s'y passe quelque chose d'inexplicable.

Charlélie Couture vers 1985.

Louis Chedid vers 1980.

PAUL PERSONNE

En voyant tous ces artistes qui jouaient à l'Olympia, je me disais que le jour où je passerais là, c'est qu'il se serait passé quelque chose. Alors, en 1985, la première fois que j'ai pénétré dans cet endroit... Waouh !... Beaucoup ont dû sentir, comme moi, l'esprit de ce lieu habité par tous les artistes talentueux qui ont joué dans cet antre mythique. Quand on monte sur cette scène, quand on voit son nom affiché sur la devanture en lettres rouges, on se dit « C'est moi qui vais jouer ce soir », là on sent qu'une page se tourne dans sa vie. Mon premier Olympia, ce fut de l'émotion, un gros trac, la crainte de l'accueil du public parisien. En fin de compte, j'en garde un super souvenir.

J'ai une certaine nostalgie de l'ancienne salle, avec son côté roots, et l'équipe d'alors : Marcel, le régisseur, qui nous accueillait avec sa gouaille inoubliable, Marilyn, au bar des artistes en backstage, Jean-Michel Boris, amical et chaleureux. Si je n'ai pas connu Bruno Coquatrix, son créateur, j'ai reçu la visite de Paulette Coquatrix venue m'encourager pour mon premier soir. L'Olympia, c'était aussi la présence de ces figures emblématiques qui nous faisaient tellement de bien. Tous ces souvenirs, ce côté vie de famille, l'esprit des lieux qui nous accompagne, c'est précieux !

Et puis à l'Olympia, on peut voir le public, on peut croiser des regards, des sourires, des expressions. J'aime « l'intimité collective » de cette salle historique.

Paul Personne,
le 20 janvier 2015.

À l'Olympia, on peut voir le public, on peut croiser des regards, des sourires, des expressions.

Amir chante pour « Leurs voix pour l'espoir », le 18 septembre 2014.

Il n'est pas rare d'accueillir dans la salle des visiteurs venus là pour le simple plaisir d'une soirée à l'Olympia, pour le plaisir de s'en souvenir. Et puis les fans, fidèles et connaisseurs à l'indicible vitalité, n'hésitent pas à s'exprimer, crier, rire, pleurer, applaudir, chanter, danser, dormir sur le trottoir devenu leur territoire, celui d'un vivre ensemble bon enfant, dans une fébrilité amplifiée par l'attente de l'événement. Ils donnent forme et sens à une expérience qu'ils s'approprient joyeusement. Émoustillés par la promesse d'un geste ou d'un regard, ils scrutent les allées et venues autour du boulevard des Capucines pour — ce serait le Graal — apercevoir leur idole.

La vie du public de l'Olympia, c'est tout cela aussi. Yungblud racontait, lors d'une interview après son concert, sa stupéfaction lorsqu'il observait, depuis la fenêtre de son taxi, cette file d'attente de fans venus l'applaudir : « C'était fou. Je me revois arriver à côté de la salle en voiture et de me dire "QUOI ?" Et la file, la file d'attente ! Les gens ont attendu deux jours dehors, la file était à l'angle de la rue à 11 heures du matin. Je suis arrivé vers 11 heures pour faire de la promo, et j'ai demandé : "Wow, mais depuis combien de temps ils sont là ?", et on m'a répondu : "Un jour, deux jours..." »

Justin Timberlake, le 21 août 2014.

L'arrivée des spectateurs est une expérience qui se renouvelle chaque soir. Sita, qui dirige la salle, raconte de savoureuses histoires sur le sujet. L'accueil du public ou des producteurs est l'affaire de sa vie. Élégante et souriante, elle s'y consacre « corps et âme », avec son amie d'enfance, Wafia ; elles sont arrivées toutes deux à l'Olympia comme placeuses il y a une vingtaine d'années. Présent lui aussi depuis de nombreuses années, Abdallah participe activement à l'organisation des soirées.
Fidèle au poste, Sita a conscience de l'importance du rôle qui lui est assigné : « L'Olympia, c'est prestigieux et il convient donc d'être aux aguets afin de répondre à toute demande, de veiller à l'installation du public et des invités. Peut-être que pour certains, ce sera la seule soirée de spectacle de l'année, alors il faut les cocooner. » Le public peut arriver l'esprit tranquille, tout est pensé pour qu'il se sente bien dès l'entrée dans le hall. Mais si cela semble aller de soi, cela relève d'une organisation complexe. Sita supervise les placeuses et les contrôleurs. Elle agit vite si besoin, en cas de problème, car remplir la salle et installer les spectateurs doit se faire sans stress mais dans un délai relativement court, afin que le spectacle débute à l'heure. Elle planifie le personnel nécessaire chaque soir.

Alain Bashung, le 1er novembre 1994.

Le groupe Bérurier noir le 11 novembre 1989. Concert d'adieu historique pour le milieu punk venu applaudir une dernière fois, avant leur séparation, « les Bérus », qui se revendiquent « groupe du genre humain qui casse les ghettos et ouvre des portes à la création ».

Double page suivante : McFly et Carlito, le 17 mai 2022.

MARC LAVOINE, le 6 octobre 2021. Pendant trois ans, l'Olympia a été « sa » maison : il y était placeur et raconte volontiers cette histoire qui marqua ses débuts, reconnaissant qu'il « doit un peu, beaucoup, presque tout à l'Olympia et aux gens qui ont fait cette maison ».

STING, le 12 avril 2017.

LADY GAGA, le 10 juillet 2009.

Je crois qu'avec mes musiciens, on s'en souviendra toujours. Un Olympia complet, heureux, debout. Une communion de cœurs.

BARBARA PRAVI

Je n'avais jamais pensé mettre les pieds sur la scène de l'Olympia. C'était même pas un rêve accessible, quand on y pense, c'est « trop ». Et puis, quand on m'a annoncé qu'on ouvrait une date, puis qu'elle était complète cinq mois avant, je n'ai pas réalisé. J'ai compris que c'était vrai le jour J. Le 5 décembre 2022, le jour de l'anniversaire de mon père. Normalement quand on arrive vers midi pour les répétitions, le nom en lettres rouges doit être affiché depuis l'aube, il est censé nous attendre. Mais quand je suis arrivée, il manquait un R à mon prénom. Y avait écrit « Barba.a Pravi » sur la façade de l'Olympia. Ça m'a fait rire. Je me suis dit que ça me ressemblait bien. Un nom à demi pour une chanteuse à demi.

J'ai attendu mon R jusqu'à 13 heures environ, j'ai même eu le temps de prendre une photo avec lui entre les mains et toute ma famille autour, même mon grand-père de 90 ans. Lui, il était venu à l'Olympia deux fois déjà. Pour Brel, pour Piaf. On dit « jamais deux sans trois », et quelle troisième fois, pour moi, sa petite-fille : Barbara Pravi, avec tous les R, en lettres rouges !
C'était un concert incroyable, ma centième date de tournée. Le public était déchaîné, mon grand-père est monté sur scène, les gens riaient, pleuraient, puis riaient encore. Je crois qu'avec mes musiciens, Nes, Tom, Maia, Jeff, Octavio et Mathilde, on s'en souviendra toujours. Un Olympia complet, heureux, debout. Une communion de cœurs. C'est impérissable. À quand le prochain ?

 Barbara Pravi, le 5 décembre 2022.

MELODY GARDOT, le 5 novembre 2012.

Aucun concert ne ressemble au précédent et le public n'est pas le même non plus. Une dizaine de personnes de l'Olympia sont présentes, auxquelles s'ajoutent les extras, le personnel de sécurité, tout un petit monde qui facilite le bon déroulement du show. Sita ou Wafia les briefent une heure environ avant l'ouverture des portes. Elles communiquent les consignes, les demandes particulières de la production ou de l'artiste, s'assurent que tout est bien en place et attendent le feu vert des équipes techniques de l'artiste et de l'Olympia pour laisser entrer les premiers spectateurs. En vingt ans de métier, tout leur est arrivé et rien ne semble pouvoir les ébranler. Derrière un sourire avenant, elles veillent à la bonne marche et à l'image de la maison et nul détail ne leur échappe. Sita se confie sur un autre rôle qui lui tient à cœur : l'accueil des jeunes maisons de production qui viennent pour la première fois. « Cela fait partie de nos missions. On les accompagne à tous les niveaux : technique, billetterie et autres... On sait à quel point ce premier Olympia est impressionnant pour un producteur. Être présent, ici, pour la première fois... Alors on guide ces premiers pas. »
Diriger la salle consiste à concrétiser, finaliser le travail de toute une équipe, qui a œuvré pendant des mois pour une soirée qu'elle espère d'anthologie. Il est donc primordial que tout soit réglé au cordeau. En coulisses, à l'entrée ou dans la salle, Sita, avec l'expérience, sait apprécier la situation : « Je reste souvent au spectacle, sauf si j'ai du travail pour la soirée du lendemain. Mais je sens, je sais lorsque je dois être présente. »

BIGFLO et OLI, le 27 janvier 2023.

Lana Del Rey tout sourire se mêle au public pour chanter, le 27 avril 2013.

Michel Delpech dans sa loge après son concert en compagnie de Michel Sardou et de Charles Trenet, le 31 mars 1972.

Accueillir signifie également « soigner » les stars ou les personnalités et autres VIP qui viennent assister aux concerts. Deux petites loges se trouvent sur la mezzanine dédiées aux visiteurs « de prestige ». L'une d'elles se nomme la « loge Johnny » car il venait souvent et elle lui était réservée d'office afin qu'il assiste au concert tranquillement, un peu à l'écart. Sans cette précaution, sa venue n'aurait pas été possible. Sita s'amuse à l'idée d'un Johnny mêlé à la foule, et du bazar que cela aurait forcément généré !

Il est en effet fréquent que des artistes viennent voir leurs pairs. Parfois incognito, comme Lenny Kravitz, qui, lors de ses passages dans la capitale, assiste en toute discrétion au concert d'un artiste dont il apprécie la musique ou d'un ou une ami(e). Parfois au dernier moment et sans forcément prévenir, comme le fit Prince. Quel que soit le cas de figure, il faut promptement trouver une solution, même si la salle est archicomble !

Lenny Kravitz assiste incognito au concert de Madonna, le 6 mai 2008.

Les artistes qui se produisent sur scène sont, pour la plupart, déjà venus à l'Olympia. Comme spectateur, en backstage, ou même comme placeur, à l'instar de Marc Lavoine. Ils connaissent les lieux mais sont toujours reconnaissants de sentir une présence bienveillante près d'eux. Sita les rassure, veille à leur confort et n'hésite pas à partager avec ceux qui la sollicitent ses impressions sur la soirée.

Les moments les plus mémorables sont pour elle ceux où les artistes descendent dans la salle, au plus près du public. Comme le fit le groupe Deluxe, jouant en file indienne en se mêlant à l'assistance enchantée. L'énergie du public, comme celle des artistes, est alors palpable. « Cette proximité, c'est magnifique » se souvient la directrice de salle, qui

JANE BIRKIN en 1998.

raconte aussi volontiers le soir où Yungblud a continué le concert avec ses fans sur le trottoir, côté sortie des artistes. « C'est inoubliable tellement c'était magique » pour Maya et Laura, qui l'ont également vécu, tout comme les commerçants alentour, qui n'en revenaient pas.

L'univers des enfants fait partie des moments merveilleux vécus par l'équipe de l'Olympia. Ils participent, ils chantent, ils sont joyeux et réceptifs, ils découvrent le monde du spectacle, la féerie de la scène. Ce seront pour eux, plus tard, des souvenirs empreints de douceur et de bonheur simple. Les spectacles pour enfants viennent en supplément des programmes habituels, pendant la période des fêtes, par exemple. Pour Sita, « c'est un public adorable et un véritable ravissement d'accueillir ces enfants qui enchantent l'espace, de les voir si heureux de participer à un événement exceptionnel et qu'ils garderont en mémoire. »

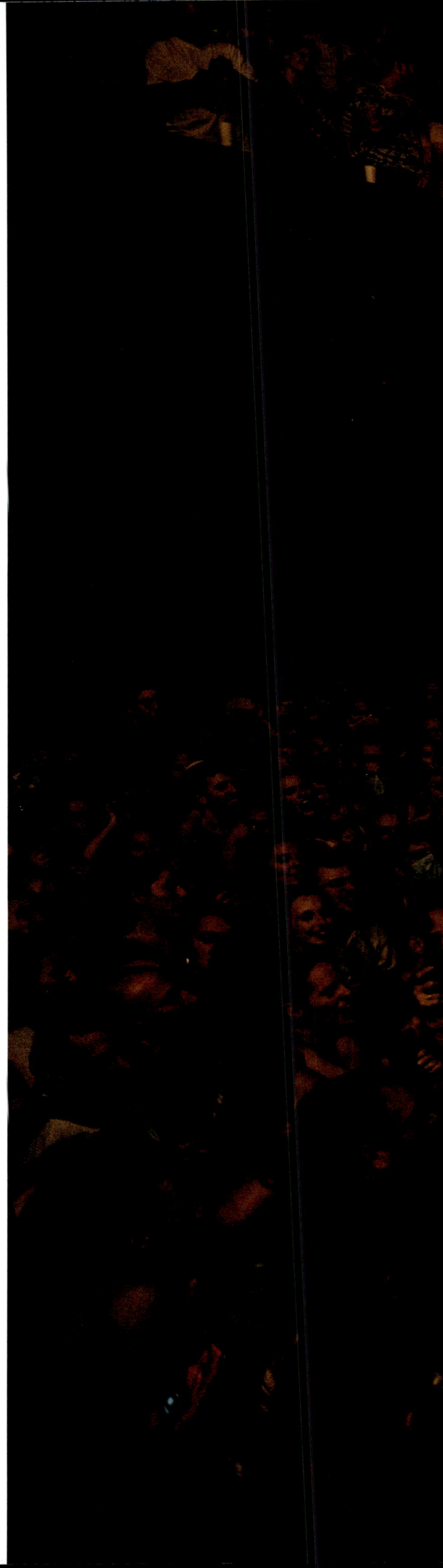

Grand moment d'émotion lorsque le groupe DELUXE, circassien dans l'âme, qui ne badine pas avec l'énergie et le groove, se mêle au public, le 26 mars 2022.

ELISSA

C'est un sentiment indescriptible, bien difficile à exprimer, de se tenir sur cette scène inoubliable, qui fut le théâtre de performances musicales légendaires d'artistes qui ont non seulement touché mon âme depuis mon enfance, mais qui ont également modelé la scène musicale. J'ai eu l'impression de me trouver à l'intersection du passé et du présent, sous les feux de la rampe, en train de vivre à la fois un héritage et un rêve personnel très cher. Cette soirée m'a rappelé pourquoi je chante, car la musique reste un langage universel qui transcende le temps et l'espace et qui s'adresse à l'essence même de notre humanité. Je suis fière de cette expérience et d'avoir été la première à porter sur la scène mondiale tout ce que mon pays et ma région représentent.

It's an indescribable feeling that is very difficult to articulate, me standing on such a grand stage that has once witnessed legendary music performances of artists who not only touched my soul since I was a child but also shaped the music scene. It felt like standing at the intersection of the past and present where I was in the spotlight, re-living a legacy and a very dear personal dream. That night was a great reminder of why I actually sing because music will remain to be a universal language that transcends time and space, speaking to the very essence of our humanity. I take pride in that experience and in being the first to bring everything my country and region stands for to the global stage.

La musique reste un langage universel qui transcende le temps et l'espace et qui s'adresse à l'essence même de notre humanité.

Elissa, à Beyrouth, le 24 août 2012.

ZZ Top, le 27 juillet 2012.

En dehors des spectacles et des concerts, il arrive que d'autres événements, publics ou privés, soient programmés, comme la Fête de la musique, avec sa file d'attente qui fait le tour du quartier Édouard-VII, ou les César, qui transforment le lieu en temple du 7e art, ou encore la soirée de l'association caritative Helen Keller International, dont 15 éditions ont déjà eu lieu à l'Olympia.

Grand Corps Malade dans les coulisses. L'artiste se prépare à monter sur scène en première partie d'Éric & Ramzy, le 25 mars 2006.

Les loges des artistes, salon ou refuge

« Autrefois, les loges étaient franchement rustiques. Une porte peinte en rouge, un miroir, un portant pour les vêtements, c'est tout. Ce n'était pas confortable du tout », aux dires des anciens.
Chaque artiste occupe une loge à lui seul réservée, dans laquelle il est chez lui le temps d'un spectacle. Place à « l'intime » dans un espace public. Même les loges « stars » de l'Olympia, qui ont accueilli Édith Piaf, Jacques Brel, les Beatles ou Madonna, ont longtemps été rudimentaires. Aménagées ponctuellement quelques heures avant l'arrivée des artistes, elles étaient spartiates ou généreusement ordonnancées, selon les goûts ou les besoins de leur illustre occupant. Dans le nouvel Olympia, les espaces d'accueil ont été aménagés, fonctionnels, sobres mais confortables, afin que les artistes se détendent et se sentent bien dans leur habitacle dédié, furtif champ de liberté et de bien-être. Mais les nouvelles commodités n'évitent en rien les demandes parfois loufoques des uns et des autres, par caprice ou sous couvert de blagues !
Les compositions murales calligraphiées à la manière d'une polyphonie graphique, comme une invitation poétique à entrer dans la langue à partir de paroles de chansons, participent à l'esprit des lieux tel un pont qui rendrait accessible, avec des mots qui rappellent les choses de la vie, le sens des messages qu'elles véhiculent.

Vincent Dedienne, au calme dans sa loge, se prépare pour son spectacle, le 1er octobre 2017.

Otis Redding entouré de fans après son concert, le 21 mars 1967.

JIMI HENDRIX accorde ses guitares dans sa loge, avant de monter sur scène, le 29 janvier 1968.

Les loges, témoins muets de l'histoire des lieux, recèlent la mémoire de son épopée. De nombreuses photographies témoignent du passage des uns et des autres dans cet espace inconnu du public mais si important dans la vie des artistes. Qu'ils s'y installent comme dans un refuge ou dans un salon, selon l'humeur du jour, ils y déposent leur univers le temps d'un spectacle, puis font leurs cartons une fois celui-ci terminé. Bouquets de fleurs, télégrammes de félicitations, champagne ou trousses de maquillage font partie de la chronique de ces moments suspendus.

Adamo avec Guy Bedos, années 1970.

Jacques Dutronc, le 12 septembre 1966.

VINCENT DELERM et NOLWENN LEROY, le 19 janvier 2015.

JULIEN CLERC et THIERRY LE LURON, vers 1980.

MILES DAVIS dans sa loge, le 30 novembre 1957, en compagnie de JULIETTE GRÉCO, rencontrée en 1949. « Il y avait la beauté de l'homme. L'extrême beauté et le génie. La force et l'étrangeté, la différence et la modernité de ce qu'il jouait, de ce qu'il était », se souvenait-elle des décennies plus tard. « La musique avait été toute ma vie jusqu'à Juliette Gréco. Elle m'a appris ce que c'était que d'aimer quelqu'un d'autre que la musique », écrira le trompettiste. Histoire d'amour impossible mais une amitié à la vie à la mort.

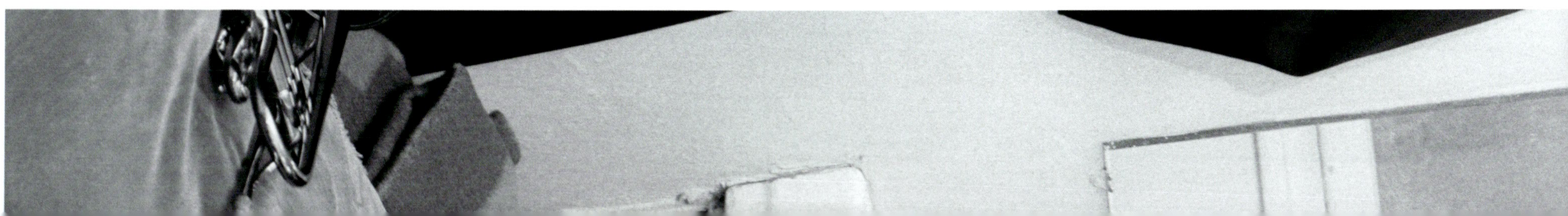

Tous les rêves sont possibles à l'Olympia de Paris. Merci la vie. Merci au public de faire de l'Olympia ce lieu sacré.

Lynda Lemay, le 25 avril 2007.

LYNDA LEMAY

Le 18 décembre 2023, à Paris, mes souliers verts fouleront la scène mythique de l'Olympia pour la 63e fois. Les rendez-vous se multiplient autant que l'émotion, chaque fois décuplée. J'ai déjà hâte d'être à la 100e, je la visualise. Je ne veux pas que ça s'arrête, car il y a de la magie dans cette salle, une impression d'intemporalité, d'éternité. Se produire juste une fois à l'Olympia, c'est déjà avoir le privilège de faire partie d'une belle et grande histoire. Cette salle, c'est de l'intimité dans de l'immensité. Elle peut tout accueillir, peut tout oser comme musique ; c'est un refuge de vrais passionnés. On n'y vit jamais deux spectacles semblables. J'y aurai donc bientôt vécu 63 ambiances uniques, aussi folles les unes que les autres. En plein cœur de Paris, il n'est pas rare que des amis artistes de renom viennent m'encourager. Un jour, la salle vibrait de façon exceptionnelle, mais j'ignorais pourquoi. On me réservait une surprise. Je ne savais pas que Charles y était ce soir-là. Le grand Aznavour ! Ce n'était pas la première fois qu'il venait assister à l'un de mes concerts mais normalement, on m'en avisait ! Mon cœur savait pour quelle raison il battait plus fort. Ce soir-là, je suis entrée sur scène sans savoir pourquoi le public semblait... plus intimidé que d'habitude. Mon instinct me prédisait un moment presque solennel. J'ai vu Charles monter sur scène, tout sourire. Ah ! Je comprenais enfin le pourquoi de cette frénésie particulière dans le public. Ce que je ne savais pas encore, c'est qu'il venait me décorer de l'insigne de chevalier des Arts et des Lettres. Moi, la petite Lynda de Portneuf au crayon bavard, je me voyais décerner à 45 ans cet honneur extraordinaire par nul autre que mon mentor, Charles Aznavour. Lorsque j'y repense aujourd'hui, j'y crois à peine. J'ai l'impression que c'est arrivé à quelqu'un d'autre. Tous les rêves sont possibles à l'Olympia de Paris. Merci la vie. Merci au public de faire de l'Olympia ce lieu sacré depuis tant d'années.

La musique et le bar de Marilyn

Le « bar Marilyn », en backstage, est une véritable institution. Son ouverture date des travaux à l'Olympia, en 1957. Bruno Coquatrix a l'idée d'un bar pour les artistes, les amis, le personnel, les journalistes… Il est inauguré et tenu quelques années par Mimi. Puis ce sera l'antre de la drôle et espiègle Marilyn, sa tenancière entre 1963 et 1993. Elle a laissé son empreinte dans ce lieu de rencontre situé dans les coulisses, loin du regard des spectateurs. Déco travaillée, lumière tamisée, ambiance décontractée, les artistes s'y retrouvent, on y fête la fin des concerts et le début de la nuit. Touchante, elle sait leur parler, leur taper amicalement sur l'épaule. Chez Marilyn, on mange à l'occasion mais les soirées se déroulent surtout le verre à la main, dans une atmosphère chaleureuse et calfeutrée. La décoration du lieu n'a pas sa pareille, avec ses murs tapissés jusqu'au plafond d'affiches des artistes du moment passés au comptoir. Le bar Marilyn devient une institution. Au fil des ans, il imprègne l'esprit du lieu tant il témoigne du caractère de Marilyn et de son infinie tendresse pour son « public », avec qui elle noue des relations amicales, quasi fraternelles. Elle dicte sa loi avec humour, sait écouter sans juger, comprendre à demi-mot, ouvrir une bonne bouteille quand il le faut. Elle mitonne des petits plats chez elle, et fait aussi les meilleurs sandwichs des salles parisiennes.
Hervé Maroteau se souvient :
« J'ai connu le bar de Marilyn, quel personnage ! Elle avait son petit cigare qui pendait, souvent éteint, une voix rocailleuse. Elle était très copine avec Jacques Brel. Quand elle avait les gens dans le nez, elle envoyait tout le monde bouler. Le dimanche, elle faisait du rosbif froid avec de la salade de pommes de terre à la mayonnaise. Ce n'était que le dimanche parce qu'elle le cuisinait chez elle et ce n'était que pour nous, les intimes, les techniciens… Elle n'avait pas le droit de faire ça, mais Marilyn, elle arrivait avec son caddie, elle n'en faisait qu'à sa tête, personne n'avait de prise sur elle. Elle pouvait nous envoyer un cendrier à la gueule ! » Elle n'était pas la seule, d'ailleurs, à faire quelques entorses au règlement lorsqu'il s'agissait d'organiser de bons moments de convivialité. Hervé Maroteau s'en amuse : « Il y avait de sacrés personnages à l'Olympia Comme Dédé Ganci, le machiniste, qui cuisinait des boulettes de viande à l'italienne après les concerts. Avec des spaghettis. Serge Reggiani adorait que Dédé lui prépare ça après son spectacle. »

Marilyn gardera la place jusqu'au début des travaux, en 1993. Juste avant, le bar a été soigneusement photographié afin d'immortaliser les murs. Son agencement et son atmosphère hors du temps ont été reconstruits à l'identique. De nombreux artistes et producteurs se souviennent de cette femme incroyable.

Le bar Marilyn aujourd'hui, refait à l'identique.

MICK JAGGER au bar Marilyn après le concert des ROLLING STONES le 11 avril 1967, en compagnie de Richard Anthony, Sylvie Vartan et Johnny Hallyday.

MARILYN
L'HYGIÈNE MODERNE
Corsets
BALEININE INCAS
Souplesse

JOE DASSIN et HENRI SALVADOR, le 13 décembre 1978.

Alain Lahana (producteur) pourrait en parler des heures entières : « On avait notre rond de serviette chez Marilyn. Concert ou pas, c'était le lieu de rendez-vous. On allait tous boire un coup chez Marilyn. Et on savait qu'on allait rencontrer 20 personnes intéressantes en venant chez elle. Durant la série de concerts de Stephan Eicher, je revois Claude Nougaro, qui avait assuré les Olympia précédents, au bar avec elle, en train de se murger. Les rendez-vous, on les donnait chez Marilyn. Ce type de convivialité, je ne connais pas d'autres salles où cela a pu exister. Il y avait l'Olympia et il y avait le bar de Marilyn. Toute l'histoire de la chanson est passée chez Marilyn.

Après la réouverture de la salle, j'ai produit le concert de Paul Personne. Elle n'avait pas repris son activité. J'ai envoyé une limousine la chercher chez elle, je lui avais dit que l'on ne commencerait pas le concert tant qu'elle ne serait pas installée sur la mezzanine. Elle, dont la vie s'était arrêtée quand la salle a fermé, était très très émue. Elle s'était pomponnée, elle avait la larme à l'œil, et nous aussi, parce que Marilyn, c'était notre marraine à tous, notre amie. Elle est allée embrasser Paul avant qu'il monte sur scène, c'est un très beau souvenir. Il se passait tant de choses dans les coulisses, elle a vécu tant d'histoires, tant d'événements, tout en restant si discrète derrière sa gouaille et son cigare éteint. Marilyn, on ne l'oubliera jamais. »

MARILYN derrière son bar, avec Jean-Michel Boris, Paulette et Patricia Coquatrix, années 1980.

Le bar Marilyn aujourd'hui.

JOSPHINE BAKER et son cheval au bar, après son spectacle, en 1962.

Que du bonheur

Cédrick a lui aussi tenu le bar de Marilyn. Il se souvient qu'il n'y avait pas d'heure de fermeture. « Les artistes et leurs invités s'éternisaient après le spectacle. C'était incroyable de se retrouver en face de toutes ces stars, Mick Jagger, Paul McCartney, Johnny Hallyday, Ray Charles et tant d'autres... »

Au départ, c'est Line Renaud, sa marraine de spectacle, qui avait la concession des bars à l'époque Coquatrix, qui lui a proposé ce travail. Et il est resté, à son affaire depuis vingt ans, mais il travaille désormais côté public. « C'est plus fort d'avoir affaire aux spectateurs, qui viennent rêver tous les jours, qui ont acheté une place pour être bien, pour être heureux. Avec le public des concerts, la relation est joyeuse, chaleureuse, directe, simple. C'est un pur bonheur. Il y a deux bars, un en haut, l'autre en bas, tenus par nous, Pépère et Petit Poney, nos surnoms historiques. Moi, c'est Petit Poney. »

Jimi Hendrix au bar après son concert, le 29 janvier 1968.

ARIANE au bar Marilyn en 2019.

Pépère aime raconter des histoires, faire découvrir l'Olympia, qu'il connaît dans les moindres détails, aux visiteurs. « Leur soirée commence dès lors qu'ils ont accès au bar. Les contrôles sont passés, l'attente est terminée, les gens sont décontractés, détendus, aux anges. Ils sont sur un petit nuage, l'arrivée dans le hall, c'est le premier bonheur du spectateur. Ils ne nous apportent que des choses positives. On ressort toujours d'ici avec l'énergie de ce public enthousiaste. On jouit d'une très grande liberté de ton, de liberté tout court, avec notre verbe fort et notre insolence. En même temps, cela fait partie aussi du charme du lieu. » Pépère est toujours à gauche, dans le bar du haut. C'est important, ce poste « d'observation » : comme Petit Poney dans le bar du bas, il repère les personnalités, les accueille en conséquence. Ils ont connu certains jeunes devenus depuis des artistes. « On accueille le public de la musique urbaine avec une attention particulière, afin de les fidéliser à la salle. Des jeunes spectateurs de concerts d'Henri Dès reviennent dix ans plus tard écouter du métal ! C'est plutôt amusant, surtout quand ils nous reconnaissent. Environ 20 % de la clientèle est composée d'habitués. » L'accueil du public fait partie de la réputation de l'Olympia. Mais les bars sont fermés juste avant la fin du concert, afin de faciliter la sortie des spectateurs.
Petit Poney se laisse aller à ses propres moments d'émotion pure : « La magie de la salle vide, le matin. Ce silence, et puis le soir, l'effervescence… »

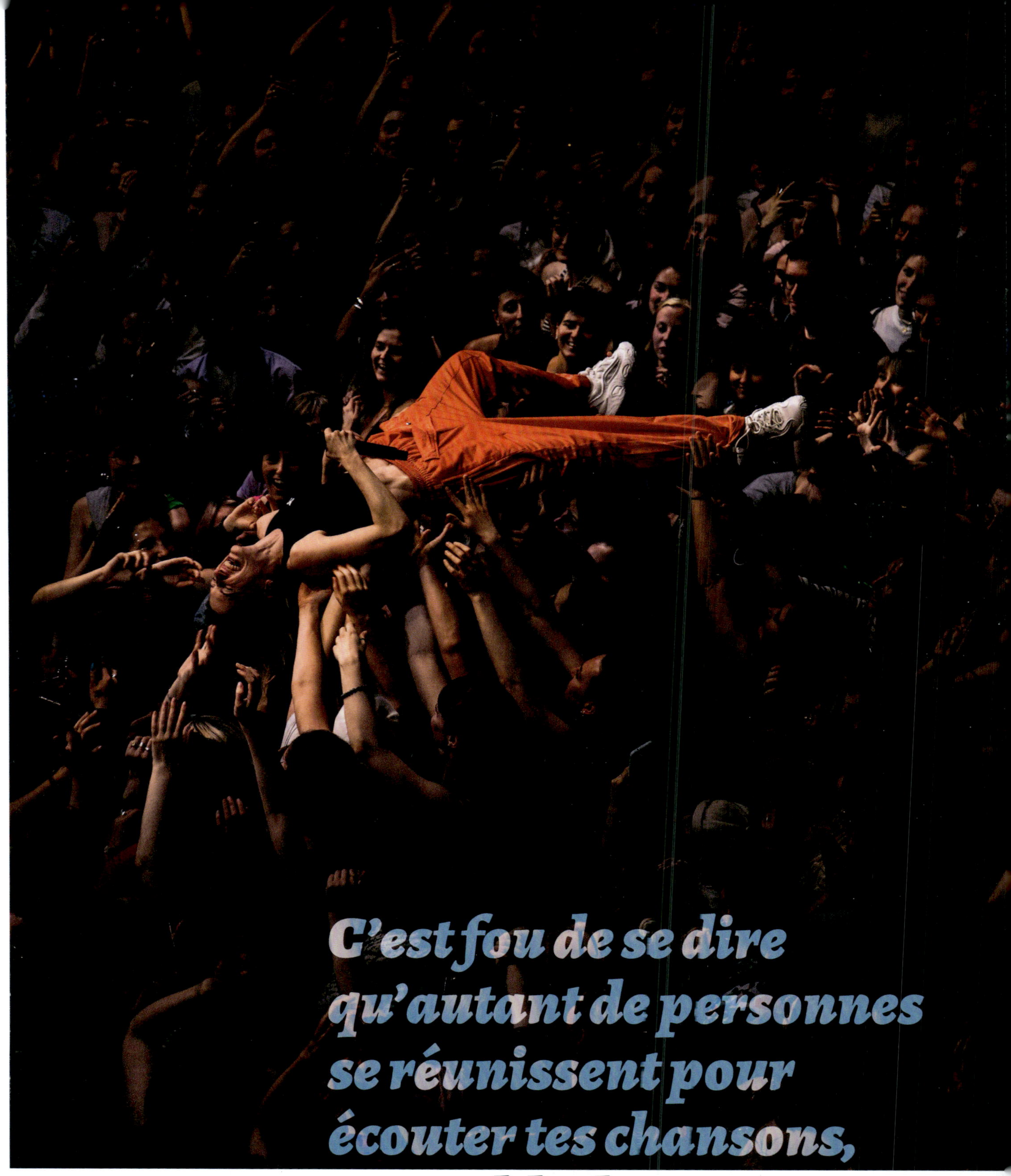

C'est fou de se dire qu'autant de personnes se réunissent pour écouter tes chansons, ensemble, le temps d'un moment unique et partagé.

ALOÏSE SAUVAGE

J'ai longtemps rêvé de cet Olympia. Pour moi, c'est un passage hautement symbolique, sacré. C'est un accomplissement, comme une sensation de « niveau débloqué » ; un marqueur d'espoir (et de légitimité) pour la suite ! Je crois que ces énormes lettres rouges qui brillent sur la devanture en ont fait rêver plus d'un ; et j'en fais partie. Si tout s'arrêtait demain, je pourrais dire que j'ai fait l'Olympia, que « ALOÏSE SAUVAGE » vibrait haut et fort ce soir-là, dehors et à l'intérieur. C'est fou de se dire qu'autant de personnes se réunissent pour écouter tes chansons, ensemble, le temps d'un moment unique et partagé. Qu'elles sont belles ces célébrations communes et collectives...
Que perdure la poésie !

231. Aloïse Sauvage dans la fosse, le 16 mai 2023.

Rouge Olympia

Le rouge, c'est sa signature, sur le boulevard des Capucines. « C'est fou l'effet que des néons peuvent faire sur quelqu'un », déclarait l'humoriste Jeanfi Janssens en regardant son nom sur la façade. Des lettres pourpres, qui brillent comme du sucre dans la nuit parisienne, sacre de l'éphémère, que l'on change pour chaque spectacle dans la fraîcheur du petit matin, quand la ville s'éveille. Une audace devenue une tradition : ces lettres tellement espérées immortalisent le passage des artistes, qui viennent les admirer en arrivant, tant l'émotion de se trouver là est immense. Nombreux sont ceux qui, dans leurs souvenirs, évoquent cet instant si intime et personnel, cette expérience unique.

L'Olympia et son célèbre rideau rouge, c'est toute une histoire. Les rideaux de théâtre ont été utilisés pour la première fois au Moyen Âge, lorsque les pièces étaient jouées dans les cours intérieures des châteaux. Cela permettait aux spectateurs de voir les acteurs et les décors, tout en isolant le théâtre du reste du château. Au XVIe siècle, ils étaient faits de tissus lourds et opaques afin de bloquer la lumière du soleil, puis à partir du XVIIIe siècle, en velours, plus luxueux. La couleur rouge, rappelant les bains de sang de la Terreur, est abandonnée au profit des couleurs bleu (la couleur de la royauté autrefois employée),

Les fauteuils de la fosse entreposés en coulisses.

B
B25
A
A
B
B

blanc et or. Le rouge redevient « tendance » au XIXe siècle, tant il symbolise la beauté, la légèreté ou la passion, et ce sera désormais la couleur dominante des lieux de plaisirs et de divertissement. Les salles de concert se parent de rideaux aux décors soignés. La lumière n'étant pas éteinte pendant les spectacles, le rideau rouge, très voyant, permet de bien séparer les acteurs et le public.

Le rideau, comme les fauteuils rouges qui rappellent les grands moments où l'Olympia fut une salle de cinéma, est un des éléments essentiels du décor. Il peut être utilisé pour créer une atmosphère chaude, dramatique ou mystérieuse, c'est selon. Ouvert, ou fermé, glissé le long de rails, remonté, tiré, attaché ou harmonieusement installé, il fait partie du spectacle et c'est encore plus vrai à l'Olympia, où il est aussi célèbre que le nom de la salle. Il aide à créer la scénographie souhaitée par l'artiste, peut être utilisé pour cacher les coulisses, les régisseurs, directeurs techniques et machinistes, voire les artistes pendant qu'ils se préparent ou s'ils souhaitent se concentrer un instant juste avant leur entrée en scène. Le rideau est un lien entre l'équipe de l'artiste, la salle et son public. C'est par lui que tout commence et que tout se termine. Il est l'un des composants majeurs d'un lieu enchanteur où les rêves d'un soir deviennent réalité. Le rouge de l'Olympia est indissociable de la salle, on parle d'ailleurs du « rouge Olympia » tant ils sont liés. Ici, pas de décors peints ou d'accessoires superflus : dans cette enceinte mythique, lorsque le rideau s'ouvre, le monde se change en spectacle et tout devient possible. Et pour clore la soirée, les spectateurs savourent quelques instants supplémentaires ce moment hors du temps, partagé, tout juste achevé, avant de retrouver l'extérieur et la ville. L'unité de ton entre la salle et la scène participe à la magie des lieux.

Lampe des années 1930 à l'entrée de la salle de billard.

MERCI

Au fil des mois, celles et ceux qui ont participé, cherché, conseillé, fouillé leurs archives, répondu aux appels, facilité notre travail, contacté les artistes, ont été nombreux. Il est temps de nommer chacun et de faire part à toutes et à tous de notre profonde gratitude.

Merci à Maxime Saada,
Président de l'Olympia.

Merci à Thierry d'Aboville, Safa Aichi, Yves-Michel Aklé, Rita Allevato, Arantza Benito, Gaspard Borgeaud, Lambert Boudier, Ghislaine Béal, Gilles Bragard, Guy Caille, Samuel Capus, Alice Casenave, Liselotte Dagnaux, Mathilde Delloy, Jonas Depieds, Virginie Dubois, Sophie Fuhrmann, Charlotte Gaurichon, Luc Gaurichon, Céline Garcia, Geneviève Girard, Gloria (Paul Personne), Olivier Gluzman, Salomon Hazot, Jérôme Langlet, Clara Li, Camille Martin, Laurent Martin Massita Montbrun, Simon Nodet, Agathe Olivier, Louise Privat, Étienne Quiquandon, Chet Samoy, Luana Santonino-Lama, Alexia Soucaze, Emmanuel Tallieu, Olivier Touati, Simon Turgel, Pierre-Alexandre Vertadier, Frédéric Vinet, Jorn Weisbrodt, Olivier Wurth.

Merci aux producteurs qui ont pris le temps de rassembler leurs souvenirs : Jean-Claude Camus, Gilbert Coullier, Doudou, Alain Lahana, Thierry Langlois, Romain Turgel.

Merci aux artistes qui se souviennent de leurs premiers pas sur la scène de cet antre mythique et témoignent dans cet ouvrage :
Claudio Capéo, Matthieu Chedid, Julien Clerc, Vincent Dedienne, Fatoumata Diawara, Elissa, Imany, KYO, Serge Lama, Bernard Lavilliers, Lynda Lemay, Paul Personne, Pomme, Barbara Pravi, Eddy de Pretto, Véronique Sanson, Aloïse Sauvage, Suzane, Vianney.

Merci aux spectateurs qui évoquent, au fil des pages, leur histoire personnelle avec l'Olympia, et plus particulièrement Raphaël Faraggi et Hervé Maroteau.

Merci aux équipes de l'Olympia, accueillantes, chaleureuses, toujours à l'écoute : Kahina Ait Ouazzou, Tassadite Allab, Virginie Barbanera, Abdallah Batay, Clément Capon, Nora Chenni, Lionel Coulpier, Jean-Philippe Crespo, Grégoire Danset, Élodie Denis, Jérôme Deny, Stéphane Fauvet, Lancelot Fievet, Mickael Ganito, Camille Giovanetti, Christophe Hamon, Rozenn Jaquin, Laura Klein, Ophélia Lahir, Raphaëlle Le Ny, Julien Lefevre, Rime Monkachi-Dubois, Olive Ouedraogo, Ariane Pedretti, Stéphane Perchard, Wafia Rehahla, Aurore Remache, Aziz Sadik, Guilherme Teixeira, Émilie Touzelet.

Merci à Sita Bressi, Yvette Capoulade, Cédrick Cohadon, Christophe Lacoste, Johana Lajoinie, Stéphane Pedretti pour leur connaissance précieuse du lieu et de son histoire, qu'ils ont partagée avec passion lors de la réalisation de ce livre. Merci plus particulièrement à Morgane Chogon et Maya Khimoume.

Merci à Lætitia Queste, qui a pris en charge la direction artistique de l'ouvrage, à Matthis Van Der Meulen pour ses magnifiques photos de concerts, à Simon Laveuve pour ses photographies singulières du lieu et de ses coulisses, à Patrick Ullmann, l'un des photographes historiques de la maison qui a mis à notre disposition gracieusement quelques perles sélectionnées dans son immense travail.

Le cherche midi remercie Laurent de Cerner pour son écoute, sa confiance et sa fidélité.

L'équipe de l'Olympia exprime toute sa reconnaissance à Philippe Héraclès et Maria Felix Frazao, aux éditions du cherche midi, et remercie chaleureusement Bernadette Caille, qui a supervisé l'édition de cet ouvrage.

Alex Toucourt en première partie de Bernard Lavilliers, le 28 octobre 2022.

Crédits et provenance des documents

Couverture : Simon Laveuve
Dépliant : Simon Laveuve

p. 1 : Simon Laveuve
p. 3 : Simon Laveuve
p. 6 : Simon Laveuve
p. 7 : Simon Laveuve
p. 9 : Simon Laveuve
p. 10-11 : Simon Laveuve
p. 12 : Simon Laveuve
p. 14-15 : Matthis Van Der Meulen
p. 18-19 : Simon Laveuve
p. 20 : Kharbine Tapabor
p. 21 : Gamma-Rapho/ Jean-Pierre Leloir
p. 22 : collection particulière
p. 24 : Matthis Van Der Meulen
p. 27 : Matthis Van Der Meulen
p. 28 : Matthis Van Der Meulen
p. 29 : collection Hervé Maroteau
p. 30-31 : collection particulière/ Simon Laveuve
p. 32-33 : Matthis Van Der Meulen
p. 34 : collection particulière
p. 37 : Getty Images
p. 38 : Bridgeman Images/ Kim Youngtae
p. 39 : RMN-GP/ BNF
p. 40-41 : Bridgeman Images/ collection particulière/ Liss Fine Art
p. 43 : Laura Gilli
p. 44 : Bridgeman Images/ bibliothèque du MAD, Paris, Archives Charmet
p. 45 : Kharbine Tapabor
p. 46 : Simon Laveuve
p. 47 : Roger-Viollet/ musée Carnavalet, Paris
p. 48 : Denis Pourcher
p. 51 : Matthis Van Der Meulen
p. 52 : RMN-GP/ BNF
p. 53 : collection particulière (gauche) ; Roger-Viollet (droite)
p. 54 : Roger-Viollet/ LAPI
p. 55 : Roger-Viollet/ LAPI
p. 56 : Matthis Van Der Meulen
p. 58 : collection Hervé Maroteau
p. 59 : collection particulière
p. 60 : Simon Laveuve
p. 62 : Dalle/ Philippe Taka
p. 63 : Simon Laveuve
p. 64 : Gamma-Rapho/ Yves Le Roux
p. 67 : Patrick Ullmann
p. 69 : Gamma-Rapho/ Jean-Pierre Leloir
p. 70 : Bridgeman Images/ AGIP
p. 71 : Archives Olympia/ DR
p. 72-73 : collection Hervé Maroteau/ DR (droite)
p. 74-75 : collection particulière
p. 76 : Patrick Ullmann
p. 78 : Gamma-Rapho/ Keystone
p. 79 : Bridgeman Images/ AGIP
p. 80 : collection Gilles Bragard
p. 81 : MaxPPP/ Philippe Gras/ Le Pictorium
p. 82 : Getty Images/ David Wolff-Patrick/ WireImage
p. 83 : Archives Olympia/ Simon Laveuve
p. 85 : Getty Images/ David Wolff-Patrick/ Redferns
p. 86 : Gamma-Rapho/ Jean-Pierre Leloir
p. 87 : Gamma-Rapho/ Jean-Pierre Leloir
p. 89 : Agence France Presse/ Bertrand Gay
p. 90 : Getty Images/ Stéphane Cardinale/ Corbis
p. 92 : Photo 12/ Jean-Marie Mazeau
p. 93 : Roger-Viollet/ Patrick Ullmann
p. 94 : Photo 12/ Jean-Marie Mazeau
p. 95 : Bridgeman Images/ AGIP
p. 96 : AFP/ Éric Feferberg
p. 97 : Matthis Van Der Meulen
p. 99 : Matthis Van Der Meulen
p. 100 : Matthis Van Der Meulen
p. 101 : Matthis Van Der Meulen
p. 102-103 : Matthis Van Der Meulen
p. 104 : Dalle/ Patrice Guino
p. 105 : Sadia/ Gamma-Rapho/ Paul Charbit
p. 106 : Matthis Van Der Meulen
p. 108 : Archives Olympia
p. 109 : Archives Olympia
p. 111 : AFP
p. 112 : Photo 12/ Jean-Marie Mazeau
p. 113 : Getty Images/ Leslie Hamilton
p. 114 : Patrick Ullmann
p. 116 : AFP/ François Guillot
p. 118 : Bridgeman Images/ AGIP
p. 120 : Bridgeman Images/ René Saint-Paul
p. 121 : Bridgeman Images/ AGIP

p. 122 : Getty Images/ Stéphane Cardinale/ Corbis
p. 123 : MaxPPP/ Delphine Goldsztejn
p. 124 : Archives Olympia/ Europresse
p. 125 : collection Gilbert Coullier
p. 127 : MaxPPP/ Frédéric Dugit
p. 128-129 : Getty Images/ Richard Bord/WireImage
p. 130 : Archives Olympia/DR
p. 131 : Archives Olympia/ Renald Destrez
p. 132-133 : Getty Images/ Kristy Sparow
p. 134 : Archives Olympia/ Renald Destrez
p. 135 : collection Alain Lahana/ Jean Riz
p. 136 : Yann Orhan
p. 138 : Archives Olympia
p. 139 : Archives Olympia/ DR
p. 140-141 : Sadia/Getty Images
p. 142 : Matthis Van Der Meulen
p. 143 : Mortimer Pétré
p. 144-145 : collection Christophe Lacoste (gauche), Constant Formé-Bècherat (droite)
p. 147 : MaxPPP/ Lionel Le Saux
p. 148 : Simon Laveuve
p. 149 : Simon Laveuve
p. 150 : Gamma-Rapho/ Jean-Pierre Leloir
p. 151 : MaxPPP/ Olivier Corsan
p. 152-153 : Simon Laveuve
p. 154 : Gamma-Rapho/ Alain Benainous
p. 157 : Archives Olympia
p. 158-159 : Matthis Van Der Meulen
p. 160 : Matthis Van Der Meulen
p. 162 : Matthis Van Der Meulen
p. 163 : Archives Olympia/ DR
p. 164 : Archives Olympia/ DR
p. 165 : collection particulière
p. 166 : Constant Formé-Bècherat
p. 167 : Vincent Dedienne
p. 168 : Matthis Van Der Meulen
p. 171 : Matthis Van Der Meulen
p. 172-173 : Matthis Van Der Meulen
p. 174 : Photo 12/ Jean-Marie Mazeau
p. 175 : Photo 12/ Jean-Marie Mazeau
p. 177 : Getty Images/ Kristy Sparow
p. 178-179 : MaxPPP/ Jean-Baptiste Quentin
p. 180 : Getty Images/ David Wolff-Patrick/ Redferns
p. 181 : Getty Images/ Jean-Jacques Bernier/ Gamma-Rapho
p. 182 : Yann Orhan
p. 183 : Matthis Van Der Meulen
p. 184 : Gamma-Rapho/ Keystone
p. 186-187 : Matthis Van Der Meulen
p. 188 : Matthis Van Der Meulen
p. 190 : Archives Olympia/ DR
p. 191 : Archives Olympia/ DR
p. 193 : Getty Images/ David Wolff-Patrick
p. 194 : Getty Images/ Kristy Sparow
p. 195 : Getty Images/ David Wolff-Patrick
p. 196 : Photo 12/ Jean-Marie Mazeau
p. 197 : Dalle/ Francis Vernhet
p. 198-199 : Matthis Van Der Meulen
p. 200 : Getty Images/ David Wolff-Patrick (gauche) ; Matthis Van Der Meulen (droite)
p. 201 : Alamy/ Tiger/ Abacapress
p. 202 : Matthis Van Der Meulen
p. 204 : Matthis Van Der Meulen
p. 205 : MaxPPP/ Samuel Dietz
p. 206 : Getty Images/ David Wolff-Patrick (haut) ; Patrick Ullmann (bas)
p. 207 : Getty Images/ Toni Anne Barson/WireImage
p. 208 : Simon Laveuve
p. 209 : Getty Images/ Patrick Roncen/ Kipa/ Sygma
p. 210-211 : Matthis Van Der Meulen
p. 213 : MaxPPP/ Stavro
p. 214 : Getty Images/ David Wolff-Patrick
p. 215 : MaxPPP/ Olivier Corsan
p. 216 : Constant Formé-Bècherat
p. 217 : Gamma-Rapho/ Jean-Pierre Leloir
p. 218 : Bridgeman Images/ Odile Noël, tous droits réservés, 2023.
p. 219 : Gamma-Rapho/ Reporters associés (haut) ; Archives Olympia/ DR (bas)
p. 220 : Archives Olympia/ DR (haut) ; Getty Images/ Rindoff/ Dufour (bas)
p. 221 : Gamma-Rapho/ Jean-Pierre Leloir
p. 222 : Alamy/ Mousse/ Abacapress
p. 224 : Alamy/ Odile Noël
p. 225 : Simon Laveuve
p. 226 : Archives Olympia/ DR (haut) ; Archives Olympia (bas)
p. 227 : collection Pépère (haut) ; Simon Laveuve (bas droite)
p. 228 : Alamy/ Odile Noël
p. 229 : Hanslucas/ Denis Meyer
p. 230 : Logan Wyckhuys
p. 232-233 : Simon Laveuve
p. 234 : Simon Laveuve
p. 235 : Simon Laveuve
p. 237 : Matthis Van Der Meulen

Malgré nos recherches, nous ne sommes pas parvenus à attribuer plusieurs photographies non renseignées, publiées dans ce livre **p. 71 ; 72-73 ; 130 ; 139 ; 163 ; 190 ; 191 ; 219** (bas) **; 220** (haut) **; 226** (haut). Nous prions les auteurs ou leurs ayants droit de nous en excuser.

Dépôt légal : novembre 2023
ISBN : 978-2-7491-7643-7
N° d'édition : M17643
Achevé d'imprimer en octobre 2023
par Maestro en Italie